Manfred Prior
MiniMax für Lehrer

AF627043

E-Book inside

Mit dem untenstehenden Download-Code erhalten Sie die PDF-Version dieses Buches.

So laden Sie Ihr E-Book inside herunter:

1. Öffnen Sie die Website: http://www.beltz.de/ebookinside
2. Geben Sie den untenstehenden Download-Code ein und füllen Sie das Formular aus.
3. Mit dem Klick auf den Button am Ende des Formulars erhalten Sie Ihren persönlichen Download-Link.
   [Für den Einsatz des E-Books in einer Institution fragen Sie bitte nach einem individuellen Angebot unseres Vertriebs: vertrieb@beltz.de. Nennen Sie uns dazu die Zahl der Nutzer, für die das E-Book zur Verfügung gestellt werden soll.]
4. Beachten Sie bitte, dass der Code nur einmal gültig ist. Bitte speichern Sie die Datei auf Ihrem Computer.

Download-Code

LZHVML4LFL

Sieh' da, ein Buch auf mei'm Katheder ...

aus Doktor Priors kluger Feder!

MANFRED PRIOR
UNTER MITARBEIT VON HEIKE WINKLER

MiniMax für Lehrer

16 Kommunikationsstrategien mit maximaler Wirkung

Mit einem begleitenden »Praxistest« in Bildern und Worten von Dieter Tangen

6. Auflage

BELTZ

FSC www.fsc.org MIX Papier | Fördert gute Waldnutzung FSC® C089473

Dieses Buch ist erhältlich als:
ISBN 978-3-407-63015-5 Print
ISBN 978-3-407-63148-0 E-Book (PDF)
ISBN 978-3-407-63186-2 E-Book (EPUB)

6. Auflage 2019

Werderstraße 10, 69469 Weinheim
service@beltz.de

Umschlaggestaltung: Büro Hamburg
Umschlagabbildung: © Dieter Tangen

Druck und Bindung: Beltz Grafische Betriebe, Bad Langensalza
Beltz Grafische Betriebe ist ein Unternehmen mit finanziellem Klimabeitrag (ID 15985-2104-1001).
Printed in Germany

Weitere Informationen zu unseren Autoren und Titeln finden Sie unter:
www.beltz.de

Also, da muss ich aber doch mal sagen, hier wird 'ne Eule nach Athen getragen! Bin nämlich selber schon seit anno Schnee höchst versiert im pädagogischen Metier!

Da nimmt mir niemand nicht vom Brot die Butter; nicht einmal Sie, Doktor, mein Guter! Mein Unterricht hat nämlich Pfiff!

Wenn ich den Inhalt hier studier', kommt er mir ziemlich kryptisch für! Ich jedenfalls hab' meine Schätzchen auch ohne so'ne Mätzchen fest im Griff!

Oh, da liegt ja noch 'n Zettel drin! Gruß vom Autor, nett von ihm! Und meine Meinung will er wissen. Was hier steht, das ist natürlich reine Theorie, die wird man praktisch testen müssen, was meinen Sie? Gut, ich werd's einfach einmal ausprobier'n; am besten gleich mit meiner Neunten, bei der ist kaum was zu verlier'n … da, man hört es schon am Schrei'n, hier kommt sie grade rein …

Inhalt

»So! ... also nun denn ... jetzt ... Mann, ihr könnt mich aber mächtig plagen! ... ich möchte nämlich kurz mal auch was sagen! ... zumindest einen Morgengruß entbieten! ... ihr mir auch? ... ich hör' nix! ... mein Gott, was seid ihr bloß für Nieten! ... so, und jetzt ist Ruhe im Karton! Kommt endlich zur Raison! ... wenigstens mal heute, Leute, denn es schaut uns jemand zu!!« »Was is'n das für einer?« »Ein Leser, Heiner«

Einführung

Vor einigen Jahren veröffentlichte ich das Buch »MiniMax-Interventionen – 15 Minimale Interventionen mit maximaler Wirkung.«[1] Es stellt 15 Interventionen vor, mit denen sich im Rahmen von Beratung und Psychotherapie mit minimalem Aufwand maximale Wirkung erzielen lässt. Dieses Buch entwickelte sich schnell zum Bestseller und die MiniMax-Interventionen wurden Teil des kommunikativen Standardrepertoires von Beratern und Psychotherapeuten. Ihren Erfolg verdanken die MiniMax-Interventionen zum einen den genialen Strategien des amerikanischen Psychotherapeuten und Hypnosetherapeuten Milton H. Erickson, von dessen innovativen Hypnosetechniken sie großenteils abgeleitet sind. Zum anderen schrieben mir viele Kollegen, dass die MiniMax-Interventionen so leicht verständlich und einfach seien und sie mit der Anwendung viele gute Erfahrungen machten. Immer wieder erreichten mich auch Berichte von Menschen, die schilderten, wie ihnen die MiniMax-Interventionen außerhalb von Beratung und Therapie zu einem nützlichen kommunikativen Handwerkszeug geworden sind.

Das vorliegende »MiniMax für Lehrer«[2] habe ich in Zusammenarbeit mit der Lehrerin Heike Winkler auf der Grundlage des oben erwähnten ersten MiniMax-Buches geschrieben. Wir wollen mit diesem Buch vor allem den Schwerstarbeitern im Klassenzimmer die Erleichterungen zugänglich machen, die die MiniMax-Strategien im kommunikativen Alltag bewirken können. Wir beschreiben, was Lehrer in ihren täglichen Gesprächen mit Schülern, Eltern und Kollegen und im Unterricht an kommunikativen Kleinigkeiten berücksichtigen können, damit möglichst viel von dem ankommt, was sie als Lehrer »rüberbringen« wollen.

Da Lehrer in der Regel nicht wie Psychotherapeuten oder Berater »intervenieren« sondern möglichst erfolgreich kommunizieren wollen, haben wir hier 16 Kommunikationsstrategien beschrieben, die

- mit minimalem Aufwand maximale Wirkung erzielen,
- weitgehend unabhängig vom Inhalt in fast jedem Gespräch anwendbar,
- in vielen Situationen nützlich und
- von jedermann schnell und gewinnbringend lernbar sind.

Mittlerweile konnte ich vielen Lehrern diese MiniMax-Strategien vermitteln. Den Lehrern gelang es gut, diese Kommunikationsstrategien anzuwenden, und sie sind von der großen Erleichterung begeistert, die diese Kleinigkeiten im kommunikativen Alltag bewirken können. MiniMax-Strategien helfen in hohem Maße, kommunikative Reibungsverluste zu verringern. Immer wieder wird mein Eindruck bestätigt, dass dies umso mehr der Fall ist, je mehr man die MiniMax-Strategien einsetzt. Die Wunder, nach denen man sich im Erziehungsalltag besonders in scheinbar ausweglosen Situationen verständlicherweise immer einmal wieder sehnt, lassen sich aber auch mit der systematischen Anwendung von MiniMax-Strategien nicht herbeizaubern, sondern höchstens um einige Prozentpunkte wahrscheinlicher machen.

Leseempfehlung, »Gebrauchsanweisung«:
Immer wieder berichten Leser, die von Freunden das eingangs erwähnte MiniMax-Buch für Berater und Psychotherapeuten geschenkt bekommen haben, dass sie »halt mal drin rumgeblättert« und dann verwundert festgestellt hätten, dass die interessante Beschreibung einer MiniMax-Strategie schon zu Ende gewesen sei, bevor sie mit dem Lesen richtig angefangen hatten. Wer Schokoladenpudding liebt, sollte nicht 10 Puddingschälchen auf einmal leeren. Auch von den MiniMax-Strategien haben Sie mehr, wenn Sie der Versuchung widerstehen, 10 oder gar alle 16 MiniMax-Strategien auf einmal zu sich zu nehmen. Naschen Sie lieber mal hier und da ein bisschen. Abgesehen von der MiniMax-Strategie Nr. 9 »Konstruktive W-Fragen in kleinen Schritten«, die sich auf MiniMax Nr. 8 »Konstruktive W-Fragen« bezieht, kann man die Reihenfolge der Lektüre der einzelnen Strategien frei wählen. Man kann in den MiniMax-Strategien mit viel Gewinn und Genuss immer mal wieder schmökern, bei der einen oder anderen MiniMax-Strategie »hängen bleiben« und sich seine Kenntnis der MiniMax-Strategien wie ein Mosaik zusammensetzen. Je

vertrauter Sie mit den einzelnen Strategien werden, umso mehr wird Ihnen auffallen, wie Sie Ihre Kommunikation optimieren.

Sie müssen nicht alle MiniMax-Strategien auf Anhieb überzeugend finden. Freuen Sie sich an denen, die am besten zu Ihnen passen und die Sie nach Ihrer Beobachtung sowieso schon unsystematisch immer mal wieder als Teil Ihres natürlichen Kommunikationsstils erfolgreich einsetzen. Und erlauben Sie sich, die MiniMax-Strategien, die Ihnen am besten gefallen, gezielter und häufiger zu nutzen.

Dieter Tangen erzählt in einer fortlaufenden Geschichte, was in einer Schulklasse passiert, wenn jede einzelne MiniMax-Strategie dem harten Praxistest unterzogen wird. Dass da nicht alles so verläuft wie erhofft, wird der ernsthafte Leser mit Humor zu nehmen wissen. Wann läuft in der Schule auch etwas so wie erhofft …?

Nun wünsche ich Ihnen ein entspanntes und lohnendes Lesevergnügen!

Manfred Prior

»So, setzt euch hin, schaut nach vorn! Ich möchte was mit euch besprechen: Jeder von uns, der hat so seine Schwächen …« »Sie auch?« »… wenn man sie nicht bekämpft, dann werden die sich später an uns rächen …« »Sie sich auch?« »Red' nicht so'n Blödsinn, Tom! Und Tim, bitte nimm die Dinger aus den Ohr'n! Einige in dieser Klasse, die sind wirklich …« »unter aller Sau!« »Ich seh', ihr wisst Bescheid … Tim, kannst du nicht hör'n?« »Stimmt, momentan da hört er schlecht« »Tim, jetzt reicht's!« »Ooch Herr Brumm, das ham' wir doch im Nu … so, nun hört er zu!« »Na gut … also, vorhin fand ich hier ein Buch von 'nem gewissen Dr. Prior liegen. Es scheint, der kennt sich aus in Sachen, die mir an euch zu schaffen machen …« »Woll'n se das jetzt etwa an uns testen? Na, da sind wir mal gespannt.«

»In der Vergangenheit ...«, »Bisher ...«

In Gesprächen über Probleme ist es immer wieder sinnvoll, sicherzustellen, dass man den Gesprächspartner in seiner Sicht- und Erlebnisweise bezüglich des Problems richtig verstanden hat. Oft gelingt das dadurch, dass man mehr oder weniger wörtlich das wiederholt, was man verstanden hat. Im Gespräch mit einem Schüler spiegelt der Lehrer damit, was dieser gesagt hat, und zeigt ihm, wie er ihn versteht. Der Lehrer interessiert sich zum Beispiel dafür, wie es sich der Schüler erklärt, dass er in der Mathematikarbeit wieder so schlecht abgeschnitten hat. Der Schüler schildert daraufhin:

> *»Wissen Sie, ich hab einfach keine rechte Lust auf Mathe, dann mach ich auch die Hausaufgaben nicht gerne und dann verstehe ich das immer weniger ...«*

Der Lehrer kann nun sein Verständnis des Gesagten mit dem kleinen Zusatz »**In der Vergangenheit**« oder »**Bisher**« versehen:

> *»Du meinst, dass es daran liegt, dass du* ***in der Vergangenheit*** *einfach keinen Spaß an Mathe gefunden hast, dann die*

Hausaufgaben ungern gemacht und immer weniger verstanden hast?«

Mit einer solchen Formulierung spiegelt der Lehrer dem Schüler nicht nur fast wörtlich sein gutes Verständnis zurück, sondern er ist in seinem Verständnis sogar noch etwas genauer als der Schüler. Denn genau genommen beziehen sich die Aussagen des Schülers ja wirklich nur auf die Vergangenheit, die für ihn in Mathe problematisch war. 100-prozentig sichere Aussagen über das zukünftige Fortbestehen von Fehlern, Schwächen, Schwierigkeiten und Problemen kann und will man nicht machen. Beim Reden über Fehler, Schwierigkeiten, Schwächen und Probleme bezieht man sich in Wirklichkeit immer nur auf Vergangenes. Und dann ist es nur richtig, dem künftig durch den kleinen Zusatz »**in der Vergangenheit**« zu entsprechen. Außerdem impliziert man mit dem kleinen Zusatz »**in der Vergangenheit**«, dass es in der Zukunft anders sein kann.

»**In der Vergangenheit**« oder »**Bisher**« hinzuzufügen ist fast immer sinnvoll, wenn man mit einem anderen über dessen Fehler, Schwächen, Schwierigkeiten oder Probleme redet. Denn mit diesem kleinen Zusatz unterstreicht man die Präzision, mit der man den anderen verstehen will. Aber vor allem hilft diese kleine Wendung, die Tür für künftige bessere Möglichkeiten und Lösungen zu öffnen oder offen zu halten: **In der Vergangenheit** litt er oft unter … – **in Zukunft** will er einen besseren Weg, eine Lösung gefunden haben. **In der Vergangenheit** hast du an Mathe keinen Spaß gehabt … **In der Vergangenheit** warst du bei den Tests oft so unkonzentriert … **In der Vergangenheit** hast du in deiner Heftführung nicht genügend Sorgfalt walten lassen.

Bisher hast du mündlich noch nicht so viel mitgearbeitet, wie es für eine gute Note nötig gewesen wäre …

In der Vergangenheit hat man den Wert dieses kleinen Zusatzes nicht immer erkannt. **Bisher** wurde diese beiläufige Bemerkung selten gezielt im zukunfts- und lösungsorientierten Sprechen über Fehler, Schwächen, Schwierigkeiten oder Probleme angewandt …

Sprechen Sie über Fehler, Schwächen, Schwierigkeiten oder Probleme eher in der Vergangenheitsform!

»So, aufgepasst! Unser Thema heute ist der Lehrsatz des Pythagoras, und der lautet: a-Quadrat plus b-Qua… na, ist noch was?« »Och Herr Brumm, wir ham' echt null Bock auf Mathe!« »Also, selbst wenn ich's wollte, was ich ja laut Herrn Prior sollte, kann ich das kaum versteh'n. Mathe ist doch schön!« »So'n a- und b-Quaqua und schön!« »Wartet's doch mal ab, ihr wisst ja überhaupt noch nicht, wie's weitergeht. Also, ein Dreieck hat 3 Seiten, von denen …« »Echt toll!« »Na, mir zuliebe müsst ihr jetzt kein Interesse heucheln. Bei jedem Blödsinn aber seid ihr gleich dabei, wie neulich die Sache mit dem Klopapier oder die Sauerei am Mittwoch mit dem Pappmaschee …« »Mann, Herr Brumm, machen Sie doch nicht immer an den alten Sachen rum!« »Na, ist doch wahr! Am letzten Dienstag beispielsweise hatten gleich neun von euch ihr Heft vergessen …« »Nee, meins hatte meine Mutter aus Verseh'n weggeschmissen.« »Jaja, ich weiß, und das von Marleen hatte ihr Hund zerbissen und deins, Heiner, fährt wohl noch immer im Schulbus spazier'n.« »Haha! Könn'se das nicht mal endlich vergessen? Wir ham's ja auch nicht immer so ganz leicht mit Ihnen. Dauernd sind Sie hier am quirulier'n!« »Am was?« »Na, am meckern! Da tun wir uns auch jedesmal drüber ärgern, ham's dann aber immer auch gleich wieder vergessen.« »Nun, im Vergessen seid ihr ja sowieso Meister.« »Dann könn'se ja von uns noch was lern'!« »Wissen se was? Ihre Stunden hier sind ganz schön be…« »Lass man Olli, hat kein Zweck. Aber Recht hat er. Ihr Unt'richt haut uns echt nicht grad' vom Hocker! 'N bisschen Pep könnte der schon mal vertragen!« »Pep? Was meint ihr damit? … Ach so …na gut, will mal seh'n …« »Wirklich? Also dann würden wir uns vielleicht sogar auch mal in Mathe bemüh'n!«

Nicht »ob …«, sondern »wie …«, »was …« und »welche …«

In meinen Seminaren für Lehrer, Berater und Therapeuten möchte ich u. a. für die Vor- und Nachteile der Verwendung des kleinen Wörtchens »ob« sensibilisieren. Dabei vertrete ich die Position: **Meist geht es besser ohne »ob«.**

Natürlich ist das Wörtchen »ob« nicht überflüssig, sondern kann durchaus nützlich sein. Es ist überall dort nützlich, wo man vom anderen eine klare Entscheidung (nämlich »ob« oder »ob nicht«) und eine eindeutige Information über »Ja« oder »Nein« bekommen will. Dies ist bedeutsam, wenn es um klare Zu- oder Absagen geht: »Ich möchte gerne wissen, **ob** Sie diese Wohnung mieten wollen, **ob** Sie zu der Veranstaltung am … kommen werden, **ob** ich im Fall X auf dich zählen kann, etc.« Die größte Bedeutung hat dieses Wörtchen für viele Menschen wahrscheinlich in der Frage: »Ich wüsste gerne, **ob** du mich heiraten willst!«

Zwar geht es in Tests und Prüfungssituationen oft um das Abfragen von eindeutigen Informationen und darum, für welche Alternative sich der Schüler entscheidet. Und da können Fragen sinnvoll sein, die ein »ob« enthalten: »Ich möchte wissen, ob die NSDAP 1923 schon im Parlament vertreten war.« Sowohl im Unterricht als auch beim Sprechen über irgendwelche Probleme geht es allerdings meist mehr darum, Denkprozesse anzuregen und den anderen beim Suchen in bestimmte Richtungen zu unterstützen. Und das kann durch das Wörtchen »ob« sogar manchmal eher erschwert werden:

Ich wüsste gerne,

- ***ob** du bereit bist, für bessere Leistungen und Noten in diesem Fach ernsthaft etwas zu tun,*
- ***ob** du dir schon Gedanken darüber gemacht hast, wie du konsequent deine Hausaufgaben machen kannst,*
- ***ob** du es schaffen kannst, leserlich und sauber zu schreiben …*
- ***ob** du Ideen hast, wie man dieses Problem noch lösen kann …*

Im ungünstigen Fall denkt der Angesprochene nicht lange nach und beantwortet alle diese Fragen vorsichtshalber und vorschnell erst einmal mit »Nein« (z. B. weil er meint, damit am wenigsten falsch machen zu können). Durch die Art der Fragen hat man nur »Nein«-Antworten erhalten und somit eine »Nein«-Haltung gefördert. Dies erhöht die Wahrscheinlichkeit, dass der Schüler unabhängig von seiner »wahren« Meinung auch auf die nächste ungeschickte Frage mit »Nein« antwortet: »*Nach diesen (Nein-)Antworten stellt sich die Frage, ob du überhaupt Lust auf Schule hast …*« Der Schüler sagt oder denkt: »*Eigentlich nicht …*« Zwar gibt es Schüler, die unabhängig von den zuvor gestellten Fragen absolut »keinen Bock auf Schule« haben. Beim einen oder anderen kann man aber mit dieser Serie von ungeschickten »ob«-Fragen und den dadurch erhaltenen verneinenden Antworten ungewollt ein weiteres Mosaiksteinchen einer »Kein-Bock-auf-Schule-Identität« hinzufügen.

Dabei will der Lehrer ja in Wirklichkeit gar nicht so sehr wissen, **ob** der Schüler bereit ist, für bessere Leistungen und Noten in diesem Fach ernsthaft etwas zu tun. Der Lehrer will wissen, **wie** der Schüler es hinbekommen kann, dafür etwas zu tun. Den Lehrer interessiert auch nicht so sehr, **ob** der Schüler sich schon Gedanken darüber gemacht hat, wie er konsequent seine Hausaufgaben machen kann, sondern **welche Gedanken er dazu hat** oder sich auf diese Frage hin macht. Und der Lehrer will auch nicht erfahren, **ob** der Schüler es schaffen kann, leserlich und ordentlich zu schreiben, sondern **wie** er es künftig schaffen kann, ordentlicher und leserlich zu schreiben. Und meist will der Lehrer ja nicht wissen, **ob** der Schüler Ideen hat, wie man dieses Problem noch lösen könnte, sondern **welche** Ideen der Schüler dazu hat oder auf diese Frage hin bekommt. Allgemein lässt sich sagen, dass dem Lehrer nicht so sehr daran gelegen ist, **ob** der Schüler etwas weiß und denkt, sondern **was** er weiß und denkt, und vor allem ist ihm daran gelegen, dass der Schüler mehr weiß und denkt.

Wenn es also nicht so sehr um das »**Ob**«, sondern mehr um das »**Wie**«, »**Was**« und »**Welche**« geht, dann sollte man das in der Frage auch so zum Ausdruck bringen:

»Ich wüsste gerne,

- ***wie** du es hinbekommen kannst, für bessere Leistungen und Noten ernsthaft etwas zu tun,*
- ***welche** Ideen du hast, wie du konsequenter deine Hausaufgaben machen kannst,*

- ***wie*** *du es schaffen kannst, leserlich und sauber zu schreiben,*
- ***welche*** *Vorschläge du hast, wie man dieses Problem noch lösen kann.«*

Fast könnte man die Devise ausgeben: Wenn man Gedanken, Ideen, Möglichkeiten, Lösungsansätze, Besserungen, Stärken und Ressourcen fördern will, fragt man besser nicht »ob«, sondern »wie«, »was« und »welche«.

Da mir sehr daran gelegen ist, dass Sie es künftig als Lehrer leichter haben und noch erfolgreicher arbeiten können, interessiert mich,

- ***welche*** *Vorteile Sie in der gezielten Vermeidung von »ob«-Fragen sehen,*
- ***wie*** *Sie künftig »ob«-Fragen nur noch dann stellen, wenn Sie tatsächlich auch nur eine Ja-Nein-Entscheidung erfragen wollen,*
- ***was*** *Ihnen helfen könnte, verstärkt statt »ob« die Wörtchen »wie«, »was« und »welche« zu verwenden, wenn Sie Denk- und Suchprozesse fördern wollen,*
- ***wie*** *Sie sich künftig im Unterricht korrigieren können, wenn Ihnen ein unpassendes »ob« rausgerutscht ist.*

Übrigens könnte es sich selbst bei der eingangs erwähnten Frage nach der Heirat lohnen, das **»ob«** zu vermeiden: »Ich wüsste gerne, **unter welchen Umständen du mich heiraten wolltest.** Sag mir doch bitte, **was ich tun könnte, damit** du mich heiratest.«

»Also gut, vergessen wir's. Und ihr wollt euch also mehr bemüh'n? Na schön, wir werden seh'n, ob's euch auch wirklich ernst ist oder ob's doch nur wieder leere Worte sind. Am Schuljahresende wird sich's dann ja zeigen, ob's letzt... Max, bitte! ... ob's letztendlich langt zu ... Tim, was soll das? Bei dir zum Beispiel hab' ich große Zweifel, ob's dir dieses Jahr ... Max, lass endlich deine Faxen! Und Tim, hör auf mit dem Ge-Opse!« »Ich kann doch – ops – nicht dafür! – ops – Max – ops – der hat mich infiziert!« »Nee! – ups – mich – ups – der Tim! – ups – Ich glaub', das ist – ups – ups – 'ne Seuche!« »Dann geht mal vor die Klassentür; ihr steckt mir sonst die anderen an! So, und nun zum Lehrsatz des ... ja, was ist denn noch?« »Herr Brumm, tun Sie sich echt Gedanken machen, ob wir das mit der Schule packen? Vielleicht hat ja Ihr schlaues Buch da Tricks auf Lager, wie Sie's anstellen müssen, dass wir was kapier'n.«

Positive Formulierungen oder »sondern ...?«

Bei keinem Reisebüro kann man einen Flug mit dem Zielflughafen »Nicht mehr dieses deprimierende Glasgow!« buchen. Da muss man sich in der Regel etwas klarer und positiver äußern.

Wenn Menschen nach ihren Zielen gefragt werden, wissen sie in der Regel sehr gut, **was und wohin sie *nicht* wollen. Positiv zu sagen, was und wohin man will, ist oft sehr schwer.** Ziele, die man kennt und benennen kann, sind aber sehr viel leichter zu erreichen als unbekannte und unbenannte Ziele. Denn schon der römische Philosoph Seneca wusste: Für ein Schiff, das seinen Hafen nicht kennt, weht kein Wind günstig.

Verlockend ist es dann, dem anderen die oft große Mühe des positiven Formulierens seiner Ziele zu erleichtern: Wenn jemand ausführlich dargelegt hat, was er nicht will, will man ihm dadurch helfen, dass man für ihn formuliert, was er will (oder zu wollen hat) – mit dem unangenehmen Nebeneffekt, dass er nicht mehr richtig mitzieht oder sehr häufig mit »Ja, aber ...« antwortet.

Und in der Schule? Welcher Lehrer kennt sie nicht, diese anstrengenden Gespräche mit Schülern, denen man trotz des Wissens um die Vergeblichkeit dieser Bemühungen versucht zu vermitteln, was sie künftig nicht mehr machen sollen (z. B: »Schreib die Sachen doch nicht so kreuz und quer durcheinander! Und schreib doch bitte nicht so unleserlich!«). Man geht auseinander – und wenig oder gar nichts bessert sich. Man hat sich ja nur auf das geeinigt, was zukünftig nicht mehr passieren soll, aber nicht formuliert, was stattdessen geschehen soll. Man hat nur das Nichterwünschte – und noch dazu auf die Vergangenheit Bezogene – benannt, aber nicht, was beide für die Zukunft anstreben, welche Ziele sie sich setzen und erreichen wollen. Hinzu kommt noch: Die Negation des Problematischen birgt die Gefahr seiner Verstärkung. Die Aufforderung »Sei doch nicht so verkrampft!« richtet die Aufmerksamkeit auf die Verkrampfung und verstärkt diese Verkrampfung oft noch (die positiv formulierte Aufforderung »Lockere doch mal ein bisschen deine Schultern!« hilft den meisten Menschen mehr und bahnt eher den Weg zum angestrebten Ziel).

Eine solche für beide unbefriedigende Situation lässt sich zum Teil dadurch vermeiden, dass der Lehrer

1. seine Instruktionen **positiv formuliert**, z. B.: »*Schreibe beim Dreisatz bitte künftig nicht mehr so kreuz und quer durcheinander, sondern jeden Satz in eine neue Zeile. Dann steigen wir da beide besser durch. Und schreibe bitte so ordentlich, dass ich es sofort lesen und eindeutig entziffern kann!*«;
2. den Schüler bittet, seine Ziele und die von ihm angestrebten Änderungen **positiv zu formulieren** und ihn bei seinen Formulierungsversuchen unterstützt.

Am besten lässt sich dies mithilfe des Wörtchens »**sondern …?**« erreichen. Wenn das Thema z.B. die schlechten Englischergebnisse eines Schülers sind, dann könnte ein Gespräch so verlaufen:

Lehrer: »*Dein Ergebnis in Englisch ist ja leider nicht das beste …*«

Schüler: »*Ja, ja, … ich muss wirklich versuchen, mich in Englisch nicht mehr so hängen zu lassen …*«

Lehrer: »*Du willst dich also künftig in Englisch nicht mehr so hängen lassen,* ***sondern …?***« (Der Lehrer lässt den Satz offen und schaut den Schüler freundlich interessiert und fragend an.)

Schüler: »*Ich will halt in Englisch nicht mehr so schlaff und unkonzentriert sein, nicht mehr so mit der Haltung, dass das halt sowieso nicht so mein Fach ist und das deswegen auch keinen Zweck hat …*«

Lehrer (um ein besseres Verstehen dessen bemüht, was der Schüler stattdessen will): »*Hm, so willst du also künftig nicht mehr sein,* ***sondern welche*** *Haltung willst du künftig haben? Und* ***wie*** *willst du künftig sein?*«

Schüler: »*Hmm, das ist gar nicht so einfach … Vielleicht sich drum bemühen, obwohl das nicht so mein Fach ist … Jedenfalls sich nicht mehr so hängen lassen …*«

Lehrer: »*Also nicht mehr sich so hängen lassen,* ***sondern*** *…?*«

Schüler (nachdenklich): »*Hmm … ja halt irgendwie sich trotzdem bemühen … nicht mehr so oft das Vokabellernen vergessen …*«

Lehrer: »*Also nicht mehr so oft das Vokabellernen vergessen,* ***sondern …?***«

Schüler: *»Ja vielleicht die Englischhausaufgaben als Erstes machen …«*

Der Schüler hat in diesem Beispiel hörbar Schwierigkeiten, seine Alternativen zum »Sich-in-Englisch-so-hängen-Lassen« zu formulieren. Leichter fällt es ihm, das zu artikulieren, was er nicht mehr will. In einer solchen Situation kann es dem Schüler eine große Hilfe sein, wenn der Lehrer ihn durch seine »sondern …?«-Fragen darin unterstützt, seine eigenen besseren Alternativen zum »Sich-so-hängen-Lassen« zu finden und zu formulieren – in diesem Fall »die Englisch-Hausaufgaben als Erstes« zu machen.

Auch wenn am Schluss der Unterrichtsstunde ein »Problemschüler« sich laut darüber wundert, dass es heute ja gar nicht so langweilig gewesen sei, kann der Lehrer nachhaken und fragen: *»So, heute war es nicht so langweilig,* ***sondern wie war es?****« – »Na ja, es war echt interessant. Ich hab mal was kapiert.« – »Das ist nun wiederum für mich interessant. Mir ist aufgefallen, dass du heute prima mitgemacht hast und da kapiert man halt vermutlich auch leichter etwas. Wie kam es, dass du heute so mitmachen konntest?«*

Hier öffnet das Wörtchen »**sondern …?**« die Türe für ein Gespräch, das positive Ausnahmen erklären und zur Regel machen hilft.

Möglicherweise werden Sie morgen in der Schule noch mehr darauf achten, weniger das Falsche anzukreiden und mehr das Sinnvolle positiv zu formulieren, seltener stehen bleiben beim Beschreiben des Falschen und Unerwünschten, sondern …? Und wahrscheinlich wird Ihnen nach Lektüre dieser Zeilen bisweilen auffallen, dass Sie nicht mehr so oft dem anderen die bisweilen sinnvolle Mühe des Formulierens seiner Ziele und seiner positiven Erfahrungen abnehmen, **sondern …?**

»So, fahr'n wir nun fort mit unserem Pythago…« »Au ja, ab nach Griechenland! Klasse!« »Oh, fast hätte ich's vergessen, ihr habt ja keinen Bock! Olli, gerade du hast's nötig, mit deiner 6 in Mathe!« »Ich kann nix dafür!« »Wie?« »Is' angebor'n! Zahlenlegasthenie!« »Ach du meine Güte! Dann gibt's hier wohl auch noch andere mit dieser Schwäche? Wie habt ihr's überhaupt bis Klasse 9 geschafft? Wahrscheinlich immer nur so durchgemogelt.« »Na und?« »Das gebt ihr also zu?« »Herr Brumm, doch nicht bei Ihnen! Sie passen ja doch immer auf wie'n Schießhund! Und wenn schon. Sogar in allerbesten Kreisen kommt das vor! Seh'n Sie denn keine Tagesschau?« »Ach ja, hätt ich mir fast denken können, dass das jetzt kommt! Doch genug davon. Ehrlich, hier zu unterrichten ist, weiß Gott, kein Zuckerschlecken! Na gut, drei, vier von euch, die sind ja ganz in Ordnung, aber der Rest! 'N Haufen von Chaoten und faulen …« »Jaja, jetzt wird wieder ausgeteilt! Kein Wunder, dass Minette heult!« »Na, ist doch wahr! Wie ihr hier rumhängt, wie euch nichts hier interessiert, außer, wie man den Unterricht sabotiert. Das ist nicht das, wovon ein Lehrer träumt!« »Sondern? Wie hätten

Sie denn Ihre Schüler gern?« »Nun ja, manierlich, fleißig, aufmerksam und nett und natürlich etwas mehr Respekt!« »So was war wohl in Ihrer Jugendzeit mal in, is' heut' aber nicht mehr drin. Sagen Sie mal, war'n Sie denn selber auch so einer?« »Ich? Soweit ich mich erinnern kann, gab's bei mir nie was zu klagen.« »Ach nee, wie süß, der kleine Brumm als Engel!« »Na schön, ich geb's ja zu, ab und an, da war ich wohl auch mal ein kleiner Schlingel!« »Mein lieber Scholli, nu flennt ooch der Olli!«

»Immer« stimmt in Verbindung mit einem Problem nie!

Bei der Schilderung ihrer Probleme benutzen die Menschen gerne das Wort »immer«. Sie sagen zum Beispiel:

»Ich habe ***immer*** *so Kopfweh!«*
»Ich mache ***immer*** *so viele Flüchtigkeitsfehler!«*
»Ich werde ***immer*** *so ungerecht behandelt!«*
»Ich werde ***immer*** *ausgelacht!«*

Solche Beschreibungen mithilfe des Wörtchens »immer« sind durchaus sinnvoll, wenn man einen Eindruck vermitteln oder einen ersten groben Überblick über das Problem geben will.

Sie haben allerdings den Nachteil, dass durch sie das Problem größer erscheint:

- Kopfschmerzen, die man »**immer**« hat, erlebt man als gravierender und sie sind schwieriger zu reduzieren als Kopfschmerzen, die in Abständen von zwei oder vier Wochen bevorzugt an Wochenenden für ein oder zwei Tage auftreten.

- »**Immer** so viele Flüchtigkeitsfehler zu machen« ist schlimmer, als in Englisch bei den drei letzten Klassenarbeiten durch Flüchtigkeitsfehler jeweils eine schlechtere Note bekommen zu haben.
- Auch »**immer** ausgelacht zu werden« ist schrecklicher als in Französisch wegen der oberhessischen Aussprache der französischen Nasallaute in der Klasse Lachen zu ernten.
- »**Immer** von einem Lehrer benachteiligt zu werden« ist schlimmer als einmal bei einem Notenstand von 2,5 wegen schlechter mündlicher Mitarbeit eine 3 im Zeugnis bekommen zu haben.

Das kleine Wörtchen »**immer**« macht das Problem also schlimmer, als es in Wirklichkeit ist, weil es verallgemeinernd behauptet, dass das Problem in der Vergangenheit »**immer**« aufgetreten sei, was aber bei genauer Betrachtung nicht stimmt. Darüber hinaus bedeutet, ein Problem »**immer**« zu haben, dass man es nicht nur in der Vergangenheit »**immer**« gehabt hat, sondern es auch gegenwärtig hat und in Zukunft »**immer**« haben wird. Vor allem wegen dieser Implikation, mit der durch das »**immer**« zukünftige Besserungen oder Lösungen ausgeschlossen werden, sollte der Lehrer achtsam sein. Seine Aufgabe ist es doch, einen Beitrag dazu zu leisten, dass sich das Problem in Zukunft ändert.

Das Wort »immer« in Verbindung mit einem Problem, mit Fehlern, Schwächen oder Schwierigkeiten macht es also immer schlimmer. Das »**immer**« übertreibt die tatsächliche Größe des Problems, macht das Ausmaß der Fehler, Schwächen und Schwierigkeiten unnötig groß.

Da ein schlimmes und großes Problem schwieriger zu lösen ist als ein weniger schlimmes und kleines, ist dem Lehrer daran gelegen, alles zu tun, damit ein Problem als möglichst klein erlebt wird. Will er also ein Problem auf seine tatsächliche Größe reduzieren und die Türe für Lösungen in der Zukunft öffnen, so empfiehlt es sich, auf Problembeschreibungen, die das Wörtchen »**immer**« enthalten, mit Differenzierungen zu reagieren. Dies kann z. B. durch bedacht formuliertes Verständnis und durch Fragen gelingen, die das »**immer**« auf seine tatsächliche Größe zurückschrauben:

> *»**In der Vergangenheit** hast du **oft** Flüchtigkeitsfehler gemacht. In welchem Test war das denn so? Welche Fehler hast du gemacht? Und in welchen Tests hast du dich eher gut konzentrieren und gut aufpassen können?«*

Das Wort »immer« wird also durch »**in der Vergangenheit**« (s. MiniMax Nr. 1: *»In der Vergangenheit …«)* und »**oft**« ersetzt und das Problem durch **Fragen nach positiven Ausnahmen** weiter eingegrenzt. Das macht Probleme kleiner und damit leichter lösbar. Natürlich ist es unabdingbar, dass der Lehrer das Leiden unter dem Problem versteht und dies dem Schüler auch vermittelt. Zusätzlich lohnt es sich, danach zu fragen, **wann** das Problem in der Vergangenheit (s. MiniMax Nr. 1: *»In der Vergangenheit …«)* aufgetreten ist, **wann** das Problem **weniger oder gar nicht** aufgetreten ist und **was stattdessen** (s. MiniMax Nr. 3: Positive Formulierungen oder *»Sondern …?«)* gemacht wurde:

Schüler: *»Herr Müller, es ärgert mich, dass ich immer so viele Flüchtigkeitsfehler mache ...«*
Lehrer: *»Ja, Julius, in diesem Diktat hast du tatsächlich oft zu wenig auf Groß- und Kleinschreibung geachtet und dadurch viele unnötige Fehler gemacht. Dabei kannst du das ja eigentlich. Im letzten Diktat ging das viel besser. Wie hast du das denn beim letzten Mal hingekriegt, dass du da so vergleichsweise gut auf die Groß- und Kleinschreibung geachtet hast?«*

Manchmal allerdings beharrt ein Schüler darauf, dass er »**immer**« unter dem Problem leide und z. B. »**immer**« ungerecht behandelt oder »**immer**« von allen ausgelacht werde oder »**immer**« so viele Fehler mache. Dann lohnt es sich, zunächst zu fragen, ob der Schüler sich vom Gesprächspartner nicht ernst genug genommen fühlt und deswegen die Größe und Schwere seines Problems unterstreicht.

Wenn andere in Aussagen über Sie das Wort »immer« in Verbindung mit einer unerfreulichen Eigenschaft oder einem Problem benutzen (»Du bist immer so vorwurfsvoll!«) reagieren Sie zu Recht in der Regel empfindlich und verwahren sich gegen solche entwertenden Verallgemeinerungen. In der Vergangenheit (s. MiniMax Nr. 1: *»In der Vergangenheit ...«)* waren Sie nicht so empfindlich, wenn jemand das Wörtchen »immer« in Verbindung mit Aussagen über seine *eigenen* Probleme, Fehler, Schwächen oder Schwierigkeiten verwendet hat. Künftig werden Sie eher wohlwollend misstrauisch, wenn jemand unter der Verwendung des Wörtchens »immer« verallgemeinernd schlecht von sich und seinen vermeintlich »immer« auftretenden Fehlern, Schwächen oder Schwierigkeiten redet.

Seien Sie also aufmerksam, wenn jemand in der Beschreibung seines Problems im Zusammenhang mit eigenen Fehlern, Schwächen oder Schwierigkeiten das Wort »immer« benutzt. **Denn »immer« stimmt in Verbindung mit einem Problem nie!** Verhindern Sie, dass das »immer« verschlimmert. Halten Sie die Tür für künftige Veränderungen offen. Unterscheiden Sie durch Ihre Fragen, wann das Problem, der Fehler, die Schwierigkeit etc. auftrat und wann nicht: *»Wann ist das aufgetreten, was du mir eben genannt hast? Wann ist es mal nicht passiert? Und was hast du da anders gemacht?«*

Auf diese Art und Weise eröffnen Sie Möglichkeiten für Fragen, die das Problem auf seine tatsächliche Größe reduzieren. Und fragen Sie danach, was Gutes gemacht wurde, als das Problem (der Fehler, die Schwäche, die Schwierigkeit) nicht auftrat, und was man vielleicht häufiger machen kann.

»Pythagoras, der hat schon immer ... apropos imm...« »Herr Brumm!! So was aus Ihrem Mund!« »???« »Was hat Mathe denn mit seinem Po zu tun? War der etwa auch quadratisch?« »Herrjeh, was seid ihr kindisch! Oder dumm? Ich sagte, ›aprrropos‹! Mein ›apropos‹, das galt dem ›immer‹, und ›apropos‹ heißt ›übrigens‹!« »Ja? ... und? ... übrigens was?« »Mein Gott!« »›Mein Gott‹ heißt das?« »Genug jetzt!

Lasst euch das in Deutsch erklären – oder Franz. So, und wenn ihr fertig seid mit Lachen, will ich noch 'ne Bemerkung machen: vorhin sagtet ihr, ich sei immer nur am kritteln. Also, das stimmt wirklich nicht!« »Das merken Sie schon gar nicht mehr!« »Natürlich kritisier' ich euch mal ab und zu, aber nur wenn's nötig ist; doch immer? Nein, immer nicht! Kritisier ich zum Beispiel jetzt? Na seht ihr! Und in dem ›immer‹ sieht auch Dr. Prior ein Problem, weil's meist nicht stimmt. In diesem Sinne sollten wir's aus unserem Wortschatz streichen. Klar? Ich hoff' dass jeder sich dran hält … dahinten wird ja immer noch gelacht!« »Herr Brumm, Sie halten sich ja selbst nicht dran, was wir gerade ausgemacht!« »Ich? Ach so … in diesem Falle hat's gepasst, und außerdem wie heißt es doch so schön: Quod licet Iovi non licet bovi!« »Was soll denn das nun wieder sein?« »Das? Das kriegt ihr nächstes Jahr, das ist Latein.« »'Ne Frage noch: Wenn man ›immer‹ nicht gebrauchen soll, warum gibt's das Wort denn überhaupt?« »Weil … manchmal … also gut, verwendet's meinetwegen dann und wann, doch nur nicht immer!«

»Dein Problem ist vergleichbar mit ... Es ist wie ...«

Manche Menschen benutzen eine sehr bildhafte Sprache. Beispielsweise sprach ein hochrangiger Manager aus dem Pharmabereich eines Weltkonzerns im Coaching wütend darüber, dass über 70 Prozent seiner Arbeit quasi darin bestehe, Unkraut zu rupfen. Ich griff diesen Vergleich auf und malte ihn aus: *»Das ist ja nervig, Sie müssen so viel Ihrer kostbaren Zeit mit Unkrautrupfen verbringen, dabei sind Sie ja quasi der Landschaftsarchitekt und sollten Entwürfe und Konzeptionen erarbeiten.«* Er stimmte mir zunächst zu, gab dann allerdings zu bedenken: *»Na ja, aber immer nur am Schreibtisch zu sitzen und die großen Konzeptionen zu entwickeln wäre ja auch einseitig ... Ein bisschen Unkrautrupfen muss schon sein ...«* Ich machte daraufhin einen »Nicht-Vorschlag« (s. MiniMax Nr. 13: *Nicht-Vorschläge*): *»Aber beim Unkrautrupfen kann man nicht an die großen Konzeptionen denken und die weiterentwickeln ...«* Er daraufhin: *»Warum eigentlich nicht? Immer und nur geht das sicher nicht, aber ein bisschen kann man das schon machen ...«* Wir untersuchten daraufhin, wie man das Unkrautrupfen quasi »nebenher« machen und in Gedanken dabei die großen Konzeptionen weiterdenken könne. Beim nächsten Gespräch berichtete der Manager, wie er beim »Unkrautrupfen« immer ganz fröhlich an seine Pläne und Konzeptionen gedacht und sie weiterentwickelt habe. Er werde jetzt nicht mehr so mit dieser »Hilfsgärtnerei« hadern, habe sich eher etwas mit ihr versöhnt und könne ihr jetzt sogar gute Seiten abgewinnen.

Dieses Beispiel mit dem Unkraut rupfenden Manager zeigt: Wenn man die Vergleiche und Bilder des Gesprächs aufgreift und die Fortsetzung davon erzählt, so können daraus Geschichten entstehen, die helfen, die Wirklichkeit anders zu erleben. Wenn der andere in seiner Beschreibung des Problems keine Vergleiche benutzt, dann können Sie als Gesprächspartner Vergleiche anbieten, denn Vergleiche setzen häufig Lösungspotenziale frei und eröffnen neue Möglichkeiten. Deswegen empfiehlt es sich sehr, in (Sprach-)Bildern, Metaphern, Gleichnissen und Vergleichen zu sprechen und seine Sätze beginnen zu lassen mit: ***»Dein Problem (oder: deine Situation) ist vergleichbar mit ... Das ist ja wie ...«***

Das Lösungspotenzial von Vergleichen kann man darüber hinaus noch um ein Vielfaches verstärken, wenn es gelingt, Problembereiche mit den Stärken und Ressourcen eines Menschen zu verbinden. Hierzu drei Geschichten von Menschen, die das sehr erfolgreich gemacht haben:

Der berühmte Berliner Arzt **Rudolf Virchow** (1821–1902) hat sich nicht nur mit seinen Forschungen im Bereich Pathologie und Anatomie um den Fortschritt der Medizin verdient gemacht. Er war auch in der Politik sehr erfolgreich. Ihm verdanken die Berliner neben dem Bau vieler Krankenhäuser, dass die deutsche Hauptstadt in der zweiten

Hälfte des 19. Jahrhunderts ein gut funktionierendes Kanalisationssystem bekam. Dadurch konnte die Cholera bekämpft werden, die bis dahin in großen Epidemien immer wieder Zehntausende dahingerafft hatte. Rudolf Virchow wurde oft gefragt, wie es ihm als Arzt gelungen sei, in der Politik so weitreichende Reformen auf den Weg zu bringen. Er antwortete meist mit einem Vergleich zwischen der Politik und dem, was er als Arzt über die Vorgänge im menschlichen Körper wusste: »*Politik ist weiter nichts als Medizin im Großen.*« Auch in der Politik gebe es unterschiedliche Organe, die aus zahlreichen einzelnen Zellen gebildet würden. Und alle diese Zellen und Organe stünden miteinander im Zusammenhang. Man müsse das medizinische Wissen vom Körper des Menschen auf die Politik übertragen, dann könne man die richtigen präventiven und therapeutischen Maßnahmen einleiten.

Als das erste öffentliche Schachspiel des jungen Hamburger Großmeisters **Jan Wahls** gegen den damals stärksten Schachcomputer *Deep Thought* angesetzt war, war es Jan Wahls mulmig zumute. Er hatte großen Respekt vor den zehn Millionen Stellungen, die der Computer pro Sekunde berechnen konnte. Jan Wahls war daher zunächst in einem alles andere als optimalen Zustand, um gegen diesen Rechengiganten aus dem IBM-Forschungszentrum gut spielen zu können. Die Lösung kam von Jan Wahls' Freundin. Sie wusste, dass Jan gegen Frauen fast noch nie verloren hatte und gegen Frauen immer sehr gut spielte. Sie sagte, er solle sich einfach vorstellen, *Deep Thought* sei eine Frau. Jan Wahls gewann das Spiel – nach 28 Zügen gab der Computer auf.

Anfang der 90er-Jahre wurde in Niedersachsen die

Greenpeace-Aktivistin **Monika Griefahn** Umweltministerin. Viele fragten sich damals, wie ihr wohl der Wechsel von der Greenpeace-Aktivistin zur Umweltministerin gelingen würde, denn Umweltministerin zu sein sei doch etwas völlig anderes, als Greenpeace-Aktionen durchzuführen. Monika Griefahn sah das anders und meinte: »Was ich als Ministerin mache ist eigentlich wie Greenpeace-Arbeit: Ich mache wie bei Greenpeace Kampagnen, arbeite in Gremien, versuche, Menschen zu überzeugen und zu motivieren, setze mich für unsere Umwelt ein etc. etc.«

Welche Strukturen liegen diesen drei Beispielen zugrunde?

- **Rudolf Virchows Problem** war, dass Berlin eine neue, leistungsfähige Kanalisation brauchte, um die Seuchengefahr zu reduzieren.
  Virchows Stärke war, dass er ein guter Arzt war.
  Seine Lösung war, seine politische Arbeit mit seiner Arbeit als Arzt zu vergleichen und auf Gemeinsamkeiten zu achten.

- **Jan Wahls' Problem** war, dass er gegen einen von ihm als mächtig erlebten Computer spielen musste.
  Jan Wahls' Stärke war es, gegen Frauen als Gegnerinnen zu spielen. Gegen Frauen hatte er immer stark gespielt, sich immer in einem für das Spiel optimalen Zustand befunden.
  Seine Lösung war, den Computer als eine Schachspieler**in** anzusehen.

- **Monika Griefahns Problem** war, dass sie plötzlich Umweltministerin geworden war.

Ihre Stärke war Greenpeace-Arbeit.
Ihre Lösung war, ihre Regierungsarbeit mit Greenpeace-Arbeit zu vergleichen, auf die Gemeinsamkeiten zu achten und ihre Erfahrungen aus der Greenpeace-Arbeit auf die Regierungsarbeit zu übertragen.

Die Struktur dieser drei besonderen Leistungen war: **Vergleiche dein Problem mit einer deiner großen Stärken und achte auf die Gemeinsamkeiten!**

Zu ganz neuen Perspektiven und Möglichkeiten hat diese Strategie einem begabten Berufsmusiker verholfen. Sein Wunsch war es, nach langen Single-Jahren eine Frau zu finden, mit der er in einer harmonischen Beziehung verbunden sein kann. Ich dachte mit ihm darüber nach, inwiefern das nähere Kennenlernen einer zu ihm passenden Frau ein wenig vergleichbar damit sein könnte, wie er sich in neue Musikstücke einarbeitet: Manche gefallen einem auf Anhieb, sind dann aber nach kurzer Zeit fad, andere entfalten ihre ganze Tiefe erst, wenn man sich länger und immer wieder mit ihnen befasst, wiederum andere gefallen zwar, passen aber nicht zu einem. Manche Stücke muss man lange üben, um mit ihnen etwas anfangen zu können, andere hingegen sind einem wie auf den Leib geschrieben, und bei wiederum anderen ist der Aufwand an Bemühungen so groß, dass es sich nicht lohnt, zumal wenn sie einem nicht so gut gefallen. Dann gibt es Stücke, da hakt es immer an der einen Stelle, die man nur sehr schwer harmonisch spielen kann. Und vom Musizieren kennt man das ja: Man muss auch ein bisschen in der richtigen Stimmung sein, und manchmal läuft es einfach nicht so richtig, da sind von Anfang an Misstöne drin.

Ich gestehe, dass es mir mit dieser Strategie auf etwas fragwürdige Art und Weise gelang, einem Computerfachmann mit einem ähnlichen Problem weiterzuhelfen. Sein Problem war, dass er sehr ängstlich, ungeübt und unbeholfen im Umgang mit Frauen war. Im Umgang mit Computern hingegen war er durch lange Übung ausgesprochen souverän und sicher geworden. Wohl wissend, dass mir andernorts deswegen mit Fug und Recht nicht nur jegliche Gender-Sensibilität, sondern aller gesunder Menschenverstand abgesprochen werden würde, stellte ich die absurde These auf, dass Frauen wie Computer seien. Durch die dadurch angeregte, für Außenstehende natürlich völlig groteske Diskussion erkannte der Computerexperte, dass auch im Umgang mit Frauen Übung den Meister macht, dass man auch bei Frauen nicht falsche Schlüsse vom Äußeren auf das Innere ziehen sollte und dass es auch bei Frauen ganz entscheidend auf den »Input« ankommt und darauf, dass man die richtigen Eingaben in der richtigen Sprache macht. Dadurch reduzierte sich allmählich die Überzeugung meines Gesprächspartners, dass es sich bei Frauen um unheimliche Wesen handele, bei denen man nur alles falsch machen und die man nicht verstehen lernen könne. Parallel dazu löste sich bei ihm die mit diesem Thema bisher verbundene Anspannung und wir konnten anschließend sogar auf die in diesem Zusammenhang kursierenden Witze eingehen.[3]

Gute Lehrer achten auf Stärken ihrer Schüler und kennen auch die Stärken, die sie außerhalb ihres jeweiligen Schulfaches haben. Sie wissen z. B. welcher Schüler leidenschaftlich und gut Schach spielt, wer ein großer Formel-1-Fan ist und wer zusätzlich zu seinem Training im Fußballverein fast alles über Fußball weiß. Lehrer, die ihre Schüler zu noch besseren Leistungen bringen wollen,

- sprechen eine bildhafte Sprache und verwenden viele Vergleiche,
- stellen durch Vergleiche Ähnlichkeiten zwischen der Stärke des Schülers und dem Problem her,
- machen auf die Gemeinsamkeiten von Stärke und Problem aufmerksam und helfen dadurch, die Stärken auf die Problembereiche zu übertragen und zu erweitern.

Verkürzt ausgedrückt verwenden Sie z. B. häufig folgende Redewendungen:

»Aufsatzschreiben ist wie ...«
»Vorkabellernen ist wie ...«
»Matheaufgaben sind wie ...«

Ihre Formulierungen folgen also der Struktur: »Dein Problem in der Schule ist wie deine Stärke in ...«
Hierfür einige Beispiele:

Problem im Deutschaufsatz:

»In deinem Deutschaufsatz hast du viele gute Ideen entwickelt und manches sehr klar analysiert. Allerdings konnte ich im Aufbau und in der Gliederung nicht so recht den roten Faden erkennen. Es wirkte etwas sprunghaft, so, als hättest du deine Gedanken in der Reihenfolge niedergeschrieben, wie sie dir kamen. Und über die vielen Flüchtigkeitsfehler konnte ich auch nicht hinwegsehen. Schade, dadurch konnte ich dir keine bessere Note geben.«

Vergleich mit der Stärke »Schachspielen«:

»Ich glaube, dass du beim Aufsatzschreiben weit hinter deiner tatsächlichen Schreibstärke bleibst, weil du in der Vergangenheit (s. MiniMax Nr. 1: *»In der Vergangenheit …«) nicht genügend berücksichtigt hast, dass Aufsatzschreiben eigentlich wie Schachspielen ist. Vermutlich wirst du im Schach leicht gegen jemanden gewinnen, der nur von Zug zu Zug denkt und auch noch viele Flüchtigkeitsfehler macht. Je mehr du hingegen vorausdenkend eine Strategie verfolgst und auch noch in der Beachtung von augenblicklichen Kleinigkeiten konzentriert bist, desto stärker spielst du und desto eher gewinnst du. Wenn du an das Aufsatzschreiben mit einer ähnlichen Haltung herangehst, mit der du im Schach eine Gewinnsituation aufzubauen versuchst, dann wirst du automatisch mehr Struktur in die Arbeit bringen und außerdem auch noch in Kleinigkeiten sorgfältig und konzentriert sein. Mit dem, was dabei dann herauskommt, kannst du nur gewinnen!«*

Vergleich mit der Stärke »Formel-1-Kenntnisse«:

»Dabei ist Aufsatzschreiben doch in vielem dem ähnlich, was ein Formel-1-Pilot vor und während eines Rennens macht: Er analysiert zunächst genau die ganze Strecke und die Anforderungen, dann entwickelt er eine Strategie, mit der er am besten zum Sieg fahren kann. Und wenn er diese Strategie klar hat, fährt er sein Rennen im Großen und Ganzen nach dieser Strategie und ist außerdem noch hoch konzentriert und sorgfältig in all den kleinen Details, die einen guten Rennfahrer ausmachen.«

Vergleich mit der Stärke »Fußball«:

»Fußballspielen und Aufsatzschreiben sind wirklich zwei sehr verschiedene Dinge. Und doch haben sie auch einiges ge-

meinsam. In der Vergangenheit war dir viel zu wenig klar, in wie vielen Punkten Aufsatzschreiben wie Fußballspielen ist. Z. B. stellt eine gute Mannschaft sich auf das nächste Spiel ein, indem sie den Gegner klar analysiert und daraus ein Konzept entwickelt, mit dem sie gewinnen kann. Und wenn die einzelnen Spieler und die ganze Mannschaft gut sind, dann halten sie sich weitgehend an dieses Konzept und kicken nicht einfach nur so rum, wie es ihnen gerade einfällt. Und wenn dann die einzelnen Spieler noch konzentriert um jeden Ball kämpfen, sorgfältige Kleinarbeit machen, präzise Vorlagen und genaue Pässe liefern, dann gewinnen sie gegen jede Mannschaft, deren Spieler nur wenig trainiert haben, ohne Konzept rumkicken und auch noch ständig ungenau passen oder aus Unachtsamkeit unnötig den Ball verlieren.«

Problem: mangelnde Vokabelkenntnisse in Englisch

Vergleich mit der Stärke »Fußball«:

»Du weißt ja, wie viel die Fußballprofis trainieren, damit sie gut sind. Beim Englischlernen ist es wie beim Fußball: Je mehr man trainiert, umso besser wird man. Ballannehmen, Passen und Konditionstraining sind das ABC für jeden guten Fußballer. Ohne das kommt man nicht weit, das ist in Englisch mit dem Vokabellernen genauso. Und darüber hinaus muss man als guter Fußballer natürlich die Regeln kennen und ganze Spielzüge trainieren. Das ist sozusagen die Grammatik des Fußballspielens. Wer Spielzüge so trainiert, dass sie in Fleisch und Blut übergehen, kann das dann auch unter großem Druck abrufen. Und so kann man auch in Englisch Redewendungen üben und so lange wiederholen, bis man sie im Schlaf beherrscht. Ein solches Training ist wie im Fußball manchmal hart und macht nicht immer

Spaß, aber die Fußballer motivieren sich dazu, indem sie daran denken, dass sie dadurch immer besser werden und sie mit ihrer Mannschaft in der Tabelle auf Platz drei, zwei oder sogar eins kommen.«

Vergleich mit der Stärke »Kosmetik«:

»Als du noch klein warst, hast du wahrscheinlich wie alle anderen auch verständnislos geguckt, wenn Wörter wie ›Eyeliner‹, ›Eyeshadow‹, ›Mascara‹ ›Nail Polish‹, ›French Manicure‹, ›Skinlights‹ oder ›Powder-Blush‹ gefallen sind. Und mittlerweile fachsimpelst du über ein gutes Make-up in einer Sprache, dass es sich für manchen wie Chinesisch anhören würde, wenn du im Einzelnen versuchen würdest zu erklären, wie du eine Freundin richtig toll für eine Party schminkst. Das Party-Make-up kriegst du so gut hin, weil du damit ganz viel Übung und Erfahrung hast. So wenig, wie du dich vermutlich bisher (s. MiniMax Nr. 1: *›In der Vergangenheit ...‹) mit den Englischvokabeln beschäftigt hast, ist das so, als würdest du dich noch nie mit Eyeliner, Mascara etc ... beschäftigt haben und dann völlig ungeübt aus dem Nichts heraus ein gutes Make-up für eine Party hinkriegen wollen. Das Ergebnis ist dann so, als würdest du dich von deinem Opa, der im Schminken wahrscheinlich gar keine Übung hat, für die Disco schminken lassen. Vokabellernen macht viel mehr Spaß, wenn du zu Hause den Charakter jedes Wortes in deinem Vokabelheft mit einem Schminkstift ganz individuell hervorhebst. Wenn du auf diese Art und Weise jedem einzelnen Wort sein eigenes schönes Gesicht gibst und nicht mehr alles grau in grau ist, kannst du es dir recht einfach und leicht merken ...«*

Oft brauchen Sie die Bilder und Vergleiche nicht selbst zu finden. In Ihren nächsten Gesprächen wird Ihnen vermutlich häufiger auffallen, in welch anschaulichen Vergleichen viele Schüler sprechen. **Vergleiche sind wie Samenkörner, aus denen Lösungen erwachsen können.** Und wenn Sie sich dann den nützlichen Spaß erlauben, diese Bilder auszuschmücken, so erwecken Sie sie damit gleichsam zum Leben und geben ihnen Kraft und Saft. Vergleiche setzen spielerische Fantasien, Stärken und oft auch humorvolle neue Möglichkeiten frei. Vergleiche helfen, Stärken weiter auszubauen. Jedes Mal, wenn Sie in Gesprächen über Probleme einen Vergleich benutzen, bieten Sie ein Samenkorn für eine Lösung an. Beschreibungen von Problemen sind oft rätselhaft und wie Gefängnisse. Ein Schlüssel für die Enträtselung und die Befreiung aus so einem Gefängnis kann ein Vergleich sein, mit dem Sie Türen in ein potenzielles »Lösungsland« öffnen: »**Dein Problem ist vergleichbar mit … Es ist wie …**«[4]

»In manchem, was Probleme macht, ein Keim zu etwas Gutem ruht, wie hier so schön Herr Prior sagt. Als euer Lehrer fühl' ich mich berufen, diesen Keim in euch zu suchen und zu pflegen, bis dann vielleicht ein schönes Pflänzlein uns beglückt.« »Mann, Herr Brumm, da ham'se aber fein sich ausgedrückt! Sie könn' ja wie ein Dichter reden!« »Na ja, ... und ich will keineswegs bestreiten, dass es nicht auch bei euch Ressourcen gibt ...« »Die was?« »... zum Beispiel Steffi: zwar verträumst du hier bei mir so manche Stunde, doch weiß ich wohl, dass du sehr schön Geige spielst ...« »Ach, die mit ihrer Geige, die hat doch echt 'ne Meise!« »Olli, das hab ich jetzt lieber überhört ...« »Na klar! Wenn ich mal träum', dann heißt es gleich: der pennt schon wieder!« »Da sieh' mal an, der Olli ist empört! Grad bei dir gibt's ja so manches, was mich stört: zum Beispiel deine Faulheit und dein großes ...« »Was? Ich und faul, Sie ham' ja keine Ahnung, wo ich mich überall sonst engagier'!« »Ja, mit'm Mund« »Ach nee! Und wer redet hier von Umwelt immerzu und fährt doch selbst den größten Schlitten?« »Jetzt nimmst du den Mund hier aber reichlich voll! Ich fürchte nur, im nächsten Zeugnis kommt es knüppeldick. Ich weiß nicht, was aus dir mal werden soll!« »Ich wohl! Ich geh' dann in die Politik« »Ach so? Na fein! ... So, Tim und Max, kommt wieder rein!«

Statt eines ängstlichen »Hoffentlich nichts Schlimmes ☹ …« besser ein zuversichtliches »Hoffentlich Gutes ☺ …«

Häufig beginnt die Aktivierung eines schlechten Zustandes mit einem ängstlichen

»Hoffentlich nichts Schlimmes ☹…«:

- *»**Hoffentlich** werde ich nicht schon wieder ausgelacht mit meinem Aufsatz …«*
- *»**Hoffentlich** schreibe ich nicht wieder so eine schlechte Note …«*
- *»**Hoffentlich** fange ich nicht gleich wieder an zu stottern, wenn ich den Text vorlesen muss …«*
- *»**Hoffentlich** denke ich in der nächsten Situation, in der es drauf ankommt, **nicht** wieder ›Das schaffst du ja sowieso nicht!‹«*
- *»**Hoffentlich** ist heute die Klasse nicht wieder so unruhig und laut …«*

Dieses gedachte oder gesagte »***Hoffentlich nichts Schlimmes*** ☹***…***« ist bei der inneren Produktion von schlechten Zuständen sehr verbreitet. Es findet sich vor allem bei jeder Form von Ängsten, wenn man die »Induktion« dieser Angstzustände genauer untersucht.

Verstärkt wird dieser Angst produzierende Effekt noch sehr durch den Ton: Die Angst und Verzweiflung werden umso größer, je ängstlicher, hilfloser, gequälter und verzweifelter man dieses »***Hoffentlich nichts Schlimmes* ☹...**« klingen lässt, je mehr man mitschwingen lässt, dass man vergebens hoffen wird und dass man insgeheim weiß (auch wenn man es sich nicht richtig eingestehen will), wie wenig man dieses Unglück auch durch das angestrengteste Hoffen wird verhindern können. Und wenn man dann bei dem »***Hoffentlich nichts Schlimmes* ☹...**« noch innerlich die Schultern hochzieht und sich vor den vermeintlich unabwendbaren Nackenschlägen des Schicksals duckt, dann ist das unerwünschte ängstliche Ergebnis schon ziemlich perfekt.

Was kann man tun, wenn jemand den »Hoffentlich-nichts-Schlimmes ☹...«-Stil pflegt? Man kann ihn bitten, **in positiven Formulierungen zu beschreiben**, wie er hofft, demnächst handeln, denken, fühlen und die Dinge sehen zu können.

Dann entstehen Sätze und Gedanken nach dem Motto »***Hoffentlich Gutes* ☺...**«, also eher positiv motivierende Hoffnungen und damit eher das zuversichtliche Gefühl, vor einer Herausforderung zu stehen und etwas tun zu können. Solche Sätze beginnen mit einem zuversichtlichen »Hoffentlich ☺...«, »Bestimmt ☺...«, »Sicherlich ☺...«, »Wahrscheinlich ☺...«.

- »***Hoffentlich*** *ist heute die Klasse etwas leiser und umgänglicher...* ***Ich hoffe,*** *es gelingt mir heute, mit den*

Schülern so umzugehen, dass sie ruhiger und umgänglicher sind ...«

- *»**Hoffentlich** werde ich heute wenig stottern, wenn ich den Text vorlesen muss, und mein Aufsatz wird unterhaltsam sein, sodass wir alle ab und zu etwas zum Lachen haben ...«*
- *»**Hoffentlich** werde ich dieses Mal eine gute Note schreiben ...«*
- *»**Wahrscheinlich** denke ich in der nächsten Situation, in der es drauf ankommt: ›Das wirst du schon schaffen!‹, weil ich es mir fest vorgenommen und mich gut vorbereitet habe ...«*

Ein engagierter Lehrer kann immer, wenn ein Schüler »**Hoffentlich nichts Schlimmes ☹...**«-Befürchtungen hat, diese für den Schüler umformulieren. Noch besser ist es allerdings meist, den Schüler anzuregen, seine Hoffnungen selbst positiv zu formulieren. Besonders gut eignet sich dazu das erwartungsvoll und interessiert gesprochene Zauberwörtchen »**Sondern ...(☺)?**« aus MiniMax Nr. 3. Verständnisvoll würde man beispielsweise formulieren: »***Hoffentlich** denkst du bei der nächsten Klassenarbeit oder Prüfung also **nicht** wieder ›Das schaffst du ja sowieso nicht!‹, **sondern ...(was willst du Gutes denken?)**.*« Dieses erwartungsvoll fragende »**Sondern ...(☺)?**« ist ein Artikulationshelfer, oft ein wahrer Geburtshelfer für die positiven Hoffnungen und Wünsche des Gesprächspartners. Wenn man ihn dann noch mit **konstruktiven W-Fragen** (s. MiniMax Nr. 8 und 9: *Konstruktive W-Fragen* **)** bittet, zu **erläutern und vorzumachen, in welchem Ton und mit welcher Haltung** er hofft, seine positiven Gedanken denken zu können, dann hat man den verstärkenden Effekt von Ton und Haltung genutzt und den Ratsuchenden fragend ein bisschen dazu gebracht, seine erhofften Gedanken und Haltungen zu aktivieren. Dieses Nachfragen führt nämlich vielleicht dazu, dass der an sich bisher so Zweifelnde sagt und demonstriert: *»Ich würde das nächste Mal gerne mit ruhiger Sicherheit und Zuversicht so wie jetzt zu mir sagen können: ›Mal sehen, wie du das wieder hinkriegst. Irgendwie werde ich das schon schaffen.‹ Und dabei würde ich gerne aufrecht, stark und gut aktiviert sein wollen – so wie ich das jetzt hier bin.«*

Was ich hier für ein Gespräch mit anderen ausgeführt habe, gilt natürlich auch für das innere Selbstgespräch und Denken. An das ***»Hoffentlich nichts Schlimmes ☹…«*** kann man immer häufiger ein **»sondern…(☺)?«** anhängen, dadurch zunehmend mehr positiv hoffen und dann ***»Hoffentlich Gutes ☺…«*** durch ein ***»Sicherlich Gutes ☺…«*** ersetzen.

Hoffentlich ist dieses MiniMax **nicht** an Ihnen vorübergerauscht, **sondern** hat Sie für das problematische ***»Hoffentlich nichts Schlimmes ☹…«*** sensibilisiert. Hoffentlich gräbt sich das ***»Hoffentlich Gutes ☺…«*** bei Ihnen ein. **Sicherlich** lassen Sie sich jetzt noch mehr fesseln, sind noch konzentrierter und entdecken dadurch die Chancen, die in dieser MiniMax liegen. **Sicherlich** werden Sie auch in den nächsten Gesprächen darauf achten und ausprobieren, wie nützlich es ist, mithilfe des Zauberwortes **»sondern…(☺)?«** zuversichtlich Gutes zu (er)hoffen. **Wahrscheinlich** merken Sie sich diese Formulierungen und wenden Sie immer häufiger und selbstverständlicher an. Und **sicher** findet sich für diese Seiten auch irgendwo ein guter Platz auf Ihrem

Schreibtisch, von dem aus Sie automatisch daran erinnert werden, wie gut es sein kann, nach einem angsterregenden »*Hoffentlich nichts Schlimmes* ☹…« die Gedanken und Gespräche mit einem interessierten »***sondern…(☺)?***« in die ermutigenden Richtungen des »*Hoffentlich Gutes* ☺…« zu lenken.

»Jaja, ihr habt im Kopf nur Flausen, aber spätestens in Klasse zehn, werden euch die Flausen schon vergeh'n.« »Der Tim hat ganz woanders seine Flausen. Bei dem hat Ihr Unt'richt schon gewirkt, dauernd lässt er einen sau…« »Ich muss doch bitten!« »Na, ist doch wahr! Dauernd lässt er tote Vögel fliegen! Ich kann schon keine Luft mehr kriegen!« »Tim, benimm dich! Sag mal, wie hast denn du dir eigentlich die Zukunft vorgestellt?« »Ich? Na, is' doch klar: Ich will'n Haufen Kohle machen, 'n tolles Leben führ'n und so'ne Sachen! Bei mir, da muss schon was passier'n, nicht so wie hier!« »Nun ja, hier bist du in der Tat kein Ass, im Gegenteil!« »Is' auch kein Wunder, Sie machen ihn ja immer ganz schön runter!« »Immer?« »Jawoll! Sie schein's ja wirklich darauf anzulegen, dass er's dies Jahr nicht schafft. Das bringt doch nix!« »Och, so einer wie der Tim, der kommt schon drüber weg!« »Und außerdem, er hat noch ganz and're Qualitäten, wovon Sie keine Ahnung haben!« »Hier merk'

ich jedenfalls nicht viel davon, und wenn: ich wär der letzte, der ihn nicht darin bestärken würde! So, und nun Schluss mit der Debatte, wir haben schon zu viel Zeit vertan und ja auch noch etwas And're s auf dem Plan, nämlich den Pytha…« »Herr Brumm, soeben hat's geschellt!« »Wie? Ich glaub' eher, dass ihr flunkern tut!« »Wahrscheinlich hör'n se nicht mehr gut!« »Nein! Halt, hier geblieben! Die Stunde ist noch nicht vorbei! … Na gut, sei's drum, die zwei, drei Minuten … und frische Luft wär' auch nicht schlecht.«

»noch nicht ...«

Angenommen, Sie würden unter der Last leiden, die Ihre Arbeit zeitweise mit sich bringt. Sie würden das vielleicht ausdrücken mit dem Satz: »*Ich finde meine Arbeit immer so schwer ...*« Ein einfühlsamer Gesprächspartner kann darauf reagieren mit einem verständnisvollen: »*Du findest deine Arbeit immer so schwer und ich kann gut verstehen, wie du immer unter deiner schweren Arbeit leidest ...*« Wahrscheinlich fühlen Sie sich dann ein bisschen erleichtert, weil Sie (endlich) jemand versteht. Der Fokus der Aufmerksamkeit liegt aber gleichwohl noch auf der immerwährend schweren Last Ihrer Arbeit. Wie würde es Ihnen gehen, wenn der Gesprächspartner im Anschluss an die Bemerkung »*Ich kann gut verstehen, wie du oft* (s. MiniMax Nr. 4: »*Immer« stimmt in Verbindung mit einem Problem nie!) unter deiner schweren Arbeit leidest ...*« fortfahren würde: »*... zumal es außerdem noch sehr schwer ist, es sich mit dieser schweren Arbeit etwas leichter zu machen ...*« Nach dieser einfühlsamen Bemerkung sind die Schwierigkeiten und Möglichkeiten im Blick, **wie man es sich mit der schweren Arbeit etwas leichter machen kann**.

Ein Schüler klagt: *»Ich tu mich so schwer mit den Hausaufgaben, ich sitze Stunden um Stunden jeden Tag – und trotzdem kommt nichts Gescheites dabei heraus.«*

Lehrer: *»Hmm, ich kann mir vorstellen, dass das nicht einfach ist, wenn man* ***noch zu wenige Wege*** *gefunden hat, wie man sich mit den Hausaufgaben etwas leichter tun kann und konzentriert in kürzerer Zeit so an ihnen sitzt, dass auch noch was Gescheites dabei rauskommt …«*

Schüler: *»Ja, ich lerne jeden Abend bis zum Umfallen und kann dann die Vokabeln nicht, wenn es drauf ankommt …«*

Lehrer: *»Hmm, das ist misslich, wenn man* ***noch nicht genügend*** *herausgefunden hat, wie man die Vokabeln so lernen kann, dass man sie auch parat hat, wenn es drauf ankommt …«*

Mit diesen Formulierungen wird die Aufmerksamkeit des Schülers auf die Möglichkeit gelenkt, in Zukunft bessere Wege zu finden (selbstverständlich kann ein Lehrer ihm dabei dann noch weitere Unterstützung anbieten, z. B. durch Informationen über Lernhilfen und Lernmethoden, durch die sich die Hausaufgabenzeit verringern, weil effizienter gestalten lässt).

Manche Schüler haben vor Prüfungen große Angst. Angesichts einer herannahenden Prüfung werden sie immer hektischer, nervöser, aufgeregter und lernunfähiger. *»Ich bin in Prüfungen immer so aufgeregt, dass ich kaum noch denken kann …«* Nachdem der Lehrer verstanden hat, dass die Prüfungen in der Vergangenheit oft (nicht »immer« s. MiniMax Nr. 4) dem Schüler zum Problem wurden, kann er fortfahren: *»Das heißt, dass du* ***noch zu wenige Strategien***

entwickelt hast, um dich auf Prüfungen gut vorzubereiten und in den Prüfungen dann ruhig und denkfähig zu bleiben …«
Wie Sie an diesen Beispielen erkennen können, macht es einen fast unmerklichen und mitunter doch großen Unterschied, ob man spricht von

- *»Versagen in Prüfungen« oder davon, dass man »**die Fähigkeit noch nicht genügend entwickelt** hat, sein Wissen in Prüfungen zur Verfügung zu haben«;*
- *»leicht ablenkbar, zerstreut« oder »**noch nicht genügend** konzentriert, gesammelt …«;*
- *»saumäßiges Geschmiere« oder »**noch nicht** sauber und leserlich genug geschrieben …«;*
- *»Faulheit« oder »**noch nicht genügend Wege gefunden** haben, aktiv mitzuarbeiten«;*
- *»zu spät kommen« oder »zu Hause **noch zu selten rechtzeitig losgehen …**«;*
- *»Vergesslichkeit« oder »**noch keinen Weg gefunden** haben, sich zu erinnern«;*
- *»Verschmutzt« oder »**noch nicht gereinigt«;***
- *»Unordnung«, »Chaos« oder »**noch nicht geordnet und aufgeräumt, noch nicht in eine sinnvolle Reihenfolge gebracht**«;*
- *»Sie streiten immer« oder »Sie konnten manche Dinge **noch nicht befriedigend klären …**«, »Sie haben **noch zu wenige Wege gefunden**, sich konstruktiv auseinanderzusetzen und über heikle Dinge sachlich miteinander zu reden«;*
- *»immer diese Berge auf meinem Schreibtisch« oder »**noch keine Zeit/Kraft gefunden**, diese Berge abzuarbeiten;*

***noch keine Strategie**, um diese Berge künftig schon im Entstehen gleich wieder abzubauen ...«*

Statt *»In der Biologiemappe ist alles durcheinander. Sie ist schlampig geführt«* kann man auch sagen: *»Die Arbeitsblätter sind **noch nicht eingeheftet und richtig zugeordnet.**«*

In Gesprächen zwischen Schülern und Lehrern geht es oft um Probleme, Schwächen, »schlechte« Eigenschaften oder störende Verhaltensweisen. Mithilfe der beiden Wörter »**noch nicht**« kann die Aufmerksamkeit auf Möglichkeiten, Chancen und künftige Besserungen hin gelenkt werden:

- Probleme sind **noch nicht gefundene Lösungen;**
- Blockaden sind **noch nicht überwunden**, sind **noch nicht gefundene Wege oder Strategien;**
- Schwächen sind **»Noch-nicht-Stärken«;**
- Schwierigkeiten sind Ergebnis von **»noch zu wenig Übung«, »noch zu wenig Routine«, »noch zu wenig Verständnis ...«;**
- Unfähigkeiten sind **»bisher noch nicht erworbene Fähigkeiten«;**
- schlechte Eigenschaften sind **noch nicht überwunden, noch nicht verändert zu guten Gewohnheiten;**
- Fehler sind Feedback z. B. dafür, dass jemand etwas **noch nicht genügend verstanden oder gelernt** hat, oder dafür, dass man noch nicht die optimale Unterrichtsform gefunden hat;
- »Unwissen« ist **»Noch-nicht-Wissen«, »noch nicht Gelerntes«.**

Wie Sie an diesen Beispielen erkennen können, ist es ein kleiner, aber wichtiger Unterschied, ob jemand Probleme oder bisher »**noch keine guten Lösungen gefunden**« hat. Das auf eine bessere Zukunft orientierende »noch nicht« kann durch ein »bisher« (s. MiniMax Nr. 1: *»In der Vergangenheit …«*) noch verstärkt werden.

Aber gehen Sie bitte behutsam mit diesen Formulierungen um – der Schüler sollte nicht das Gefühl bekommen, Sie verstünden oder akzeptierten seine Schwierigkeiten nicht. Dosieren Sie das »noch nicht« so, dass es der Schüler als ermutigende Aufforderung zur Orientierung auf Möglichkeiten und Chancen verstehen kann. Wenn man zu sehr die Potenziale und Ressourcen betont, so kann es sein, dass das dem anderen zu viel wird und er eine so hohe Dosis solcher Formulierungen **noch nicht** annehmen kann.

Ach ja, was tut die Stille gut! Manchmal verliert man fast den Mut. Wenn ich da an früher denke: unvorstellbar, dass wir derart nervig waren, und so ordinär! Uns're Lehrer hatten's damals wirklich nicht so schwer … Vielleicht bringt uns Kapitel 7 weiter … aber erst mal 'n Schluck Kaffee!

So, wie heißt es hier? »Noch nicht« … noch nicht? Was will Herr Prior damit sagen? Unwissen ist »noch-nicht-Gelerntes«? … Meint der damit allen Ernstes, dass … hm, hab ich Hunger; hab ja heut' noch nichts gegessen … noch nichts gegessen? … noch nichts gelernt? … noch nichts? … noch nichts!!! … Ja, an diesem Beispiel könnte man's erklär'n! … Bloß bin ich nicht so sicher, ob meine Schüler überhaupt sowas wie Bildungshunger spür'n! … Apropos, ein Satz in dem Kapitel, der betrifft mich aber nicht! »Noch zu wenig Verständnis« lese ich. Pardon, Herr Prior, ich bin doch quasi das Verständnis in Person!

Konstruktive W-Fragen

Das Fragen ist eines der wichtigsten kommunikativen »Handwerkszeuge« des Lehrers. Fragen sind nicht nur ein Mittel der Informationserhebung – z. B. um Wissen oder Kenntnisse abzufragen. Mit klug gestellten Fragen lässt sich die Aufmerksamkeit des Schülers in gewünschte Richtungen lenken. Das gemeinsame Suchen nach Lösungen und Besserungsmöglichkeiten kann man am einfachsten durch Fragen fördern. Und die richtige Frage am richtigen Ort kann eine starke Anregung und Unterstützung für Lern- und Denkprozesse sein. Schon Sokrates brachte seine Schüler durch Fragen zur Erkenntnis.

Durch die Form der Frage lässt sich entscheidend beeinflussen,

- ob der Schüler viel oder wenig nachdenkt,
- in welchem Ausmaß die Frage die Aufmerksamkeit lenkt und
- ob man es dem Schüler bei seiner Antwort leicht oder unnötig schwer macht.

Im folgenden Dialog werden vom Lehrer »**Ja-Nein-Fragen**«

gestellt. Das sind Fragen, mit denen man nach einer Antwort fragt, die entweder »Ja« oder »Nein« lautet.

Lehrer: »*Kannst du mir mal sagen, warum du zu spät kommst? 15 Minuten nach Unterrichtsbeginn platzt du in die Klasse. Warum machst du das?*«
Schüler: »*Ich weiß auch nicht …*«
Lehrer: »*Na, irgendeinen Grund wirst du doch wohl haben!*«
Schüler: »*Na ja, ich bin halt morgens immer so müde und … und hab auch so'n niedrigen Blutdruck …*«
Lehrer: »*Bist du denn in letzter Zeit auch mal pünktlich gewesen? Sei mal ehrlich.*«
Schüler: »*Eigentlich nicht …*«
Lehrer: »*Kannst du mir Gründe sagen, weshalb du es nicht schaffst, rechtzeitig aufzustehen?*«
Schüler: »*Ich hab es doch schon gesagt, ich bin immer so müde morgens, dann hör ich den Wecker nicht … und meine Mutter, bis die mich weckt, ist es schon zu spät …*«
Lehrer: »*Gibt es eine Möglichkeit, wie du das ändern könntest?*«
Schüler: »*Da fällt mir erst mal nichts ein. Ich bin auch wirklich immer wieder so müde …*«
Lehrer: »*Kannst du denn nicht mal den Wecker auf den Schrank stellen oder … (es folgen weitere Ratschläge), damit du mal wieder pünktlich kommst und merkst, dass das geht?*«
Schüler: »*Das hab ich doch alles schon probiert. Aber ich kann's ja noch mal versuchen …*«
Lehrer: »*Gibt es eine Möglichkeit, wie du es schaffen könntest, morgens etwas pünktlicher anzutreten?*«
Schüler: »*Mir fällt da auch nix mehr ein!*«
Lehrer: »*Kannst du es nicht mal versuchen, dir fest vornehmen …?*«

Schüler: *»Irgendwie krieg ich das einfach nicht hin. Ich hab ja schon alles versucht. Ich bin halt ein unpünktlicher Mensch ...«*

Im obigen Dialog sagt der Schüler auf alle Fragen des Lehrers erst mal vorsichtshalber »Nein« und denkt nicht viel nach. Am Ende behauptet der Schüler, dass er »halt ein unpünktlicher Mensch« sei. Und das ist eher etwas, was man nicht so leicht ändern kann, wenn es quasi Teil der Persönlichkeit ist, unpünktlich zu sein. Diese Feststellung des Schülers, dass er »halt ein unpünktlicher Mensch« sei, stellt buchstäblich etwas fest, was man eher nicht feststellen und nicht festsetzen, sondern ja gerade ändern, verhindern und in Bewegung bringen möchte. Die Wahrscheinlichkeit ist nicht sehr groß, dass es dieser Schüler nach so einer Feststellung seiner Persönlichkeit als »unpünktlicher Mensch« hinbekommt, ein anderer, nämlich ein pünktlicher Mensch zu werden. Diese »Feststellung« seiner Persönlichkeit als unpünktlicher Mensch ist aber bei genauerer Betrachtung ein Ergebnis der durchaus gut gemeinten »Ja-Nein-Fragen« des Lehrers. Diese »Ja-Nein-Fragen« zielen zwar auf Ausnahmen zur Problemregel des vermeintlichen »Immer-so-unpünktlich-Seins«, auf Möglichkeiten und Besserungsschritte ab. Letzten Endes tragen sie aber durch ihre Form nur dazu bei, dass der Schüler quasi von offizieller Seite eines pädagogischen Experten in seiner Feststellung bestätigt wird, er sei ein »unpünktlicher Mensch«. Diese auf die Fragen des Lehrers hin getroffene »Feststellung« vergrößert das Problem in der Regel erheblich.

Lehrer, die eine wohlwollende und akzeptierende Haltung zur Persönlichkeit, zum »Menschsein«, zur Identität des Schülers einnehmen, Probleme klein halten und damit leichter lösbar machen wollen, streben eher die Erkenntnis an, dass der Schüler in seinem »Menschsein« und seiner Persönlichkeit nicht veränderungsbedürftig, sondern ganz in Ordnung ist, aber auf der Ebene von Verhaltensweisen wie Pünktlichkeit einige grundlegende Kleinigkeiten noch verbessern kann. Denn es ist leichter, immer seltener zu spät und immer häufiger pünktlich zu kommen, als ein »anderer Mensch« zu werden.

Auf eine lösungsorientierte »Ja-Nein-Frage«, z. B. *»Hast du Ideen, wie du dein Problem lösen könntest?«* ist die Antwort entweder ein »Ja« oder ein »Nein«. Und in der Regel lässt sich leichter weiterkommen, wenn der Schüler diese Frage bejaht. Antwortet der Schüler auf diese Frage hingegen mit »Nein«, so hat man es als Lehrer eher schwer. Nach einer solchen Ja-Nein-Frage kann man also entweder gewinnen oder verlieren. Deswegen lassen sich diese »Ja-Nein-Fragen« auch salopp als »Zockerfragen« bezeichnen. Sie empfehlen sich vor allem für sehr abgeklärte Kollegen und Kolleginnen, für die es nach vielen Berufsjahren nicht mehr viel Neues gibt und die sich daher diese lösungsorientierten Gespräche mit Schülern so spannend wie ein Gewinnspiel gestalten wollen, in dem man gewinnen oder aber halt auch verlieren kann.

Wenn der Lehrer im obigen Dialog statt der »Ja-Nein-Fragen« **»konstruktive W-Fragen«** stellt, kann er ein sehr anderes Ergebnis erzielen.

Lehrer: *»Ich finde, dass du* ***bisher oft*** (s. MiniMax Nr. 1: *»In der Vergangenheit …«* und Nr. 4: *»Immer« stimmt in Verbindung mit einem Problem nie!) zu spät gekommen bist. Ich* *weiß es nicht mehr genau, aber es gab sicher auch Tage, an denen du pünktlich gewesen bist. An* ***welche*** *Tage erinnerst du dich, an denen du pünktlich warst?«*

Schüler: »*Ja, während der Projektwoche war ich jeden Morgen pünktlich da. Da habe ich sogar einen früheren Bus genommen … na, und … hm …, dienstags, wenn wir in den ersten beiden Stunden Sport haben, komme ich eigentlich auch nie zu spät. Das ist auch gut so, denn sonst komme ich in so ne Doofenmannschaft und das will ich nicht.«*

Lehrer: »***Wie*** *machst du das, dass du den früheren Bus kriegst oder dienstags rechtzeitig von zu Hause losgehst, damit du in eine gute Mannschaft kommst?«*

Schüler: »*Hmm, wie mach ich das … Den Wecker stell ich am Abend auf den Schrank und meiner Mutter sag ich, dass sie mich auf jeden Fall wecken soll, weil es so wichtig ist.«*

Lehrer: »***Wie*** *könntest du es denn gemeinsam mit deinem Wecker und deiner Mutter hinkriegen, morgen zur ersten Stunde Deutsch pünktlich zu kommen? Denn irgendwie habe ich keine Lust, deinetwegen in Deutsch eine ›Doofenmannschaft‹ aufzustellen, mit der es keinen Spaß macht. Wenn dir aber in Deutsch häufig die erste Viertelstunde Training fehlt, weil du zu spät aufstehst und folglich zu spät von zu Hause weggehst, werde ich das auf Dauer kaum verhindern können.* ***Wie*** *könntest du es denn hinkriegen, morgen zur 1. Stunde Deutsch pünktlich zu kommen?«*

Schüler (nachdenklich): »*Hmm …«*

Durch die konstruktiven W-Fragen wird der Schüler hier nachhaltig zum Nachdenken über Besserungsmöglichkeiten angeregt. Während dieses Nachdenkens lohnt es sich, nicht zu stören und abzuwarten. Durch die Form der Fragen wurde weitgehend ausgeschlossen, dass der Schüler ohne weiteres Nachdenken vorsichtshalber erst mal »Nein« sagt und das Problem vergrößert und es dadurch schwerer lösbar wird.

Wenn man mit dem Schüler verstärkt gezielt in eine bestimmte Richtung sucht (nach Stärken des Schülers, Ideen und Ansätzen, die in Richtung Lösung gehen, Besserungen, Ausnahmen zur Problemregel etc.) und da gerne fündig wird, dann sollte man Fragen stellen, die das Gesuchte als vorhanden implizieren. Im Deutschen beginnt man solche Fragen am besten mit den Wörtern **»Was …«**, **»Wann …«**, **»Welche …«**, **»Wer …«**, **»Wie …«**, **»Woran …«**, **»Wodurch …«** – alles Fragepronomen, die mit dem Buchstaben »W« beginnen.

»*Was* weißt du zu …«

- *»**Welche Ideen** hast du, wie du deine Kenntnisse und Fähigkeiten in die Gruppenarbeit einbringen kannst, damit ihr eure Aufgaben besser lösen könnt?«*
- *»**Was hast du bisher gefunden, was** bei der Antwort auf die Frage nach dem Bürgerrecht in der mittelalterlichen Stadt weiterhelfen könnte?«*
- *»**Was hast du bemerkt**, was sich seit unserem letzten Klassengespräch für dich geändert, vielleicht gebessert hat?«*
- *»**Welche** Fähigkeiten hast du, die dir bei deiner Bewerbung um … helfen könnten?«*
- *»Du hast ja Ausdauer. Und irgendwie hast du immer alles geschafft, was du wolltest. **Wie** könntest du deine Ausdauer und dein Wissen, dass du bisher immer alles*

irgendwie geschafft hast, nutzen, damit du in Sport doch noch auf die gute Note kommst, die du willst?«

- *»**Welche** Lösungen, die du von früher her kennst, könnten dich bei diesem mathematischen Problem weiterbringen?«*
- *»**Welche Ideen** habt ihr, wie die Personen in unserem Buch genauer beschrieben und miteinander verglichen werden könnten?«*
- *»**Wodurch** könntest du dir besser merken, bei welchen Verben das Passé composé mit ›sein‹ und bei welchen es mit ›haben‹ zu bilden ist?«*
- *»**Welche** Eselsbrücke kannst du dir bauen, um immer richtig zu entscheiden, ob bei der Dreisatzaufgabe die Formel für gerades oder die für ungerades Verhältnis zu nehmen ist?«*[5]

Allein durch die Form dieser **konstruktiven W-Fragen** kann der Fragende deutlich vermitteln, dass er es genauer wissen will, dass er ein großes Interesse hat und ihm das Erfragte wichtig ist. **Konstruktive W-Fragen sind konstruktiv im Sinne von aufbauend und nützlich und sie helfen zu konstruieren, was Schüler und Lehrer wollen.**

- ***Was** erscheint **Ihnen** an konstruktiven W-Fragen wichtig?*
- ***Welche** Vorteile von konstruktiven W-Fragen leuchten Ihnen besonders ein?*
- ***Wie** häufig haben Sie bisher konstruktive W-Fragen gestellt?*
- ***Wie** könnten Sie sich für den Unterschied zwischen Ja-Nein-Fragen und konstruktiven W-Fragen sensibilisieren?*

- *Angenommen, Ihnen fällt im Unterricht auf, dass Sie die eben gestellte Frage lieber in Form einer konstruktiven W-Frage gestellt hätten.* ***Welche*** *Vorteile hätte es, wenn Sie sich dann erlauben würden, sich zu korrigieren und die Frage noch einmal neu in Form einer konstruktiven W-Frage zu stellen?*
- ***Wie*** *könnten Sie es hinkriegen, dass Sie Ihren Schülern häufig konstruktive W-Fragen stellen?*

Ah lieber Leser, gerade seh ich, Sie sind noch da! Was mich natürlich freut. Ich hätt's Ihnen allerdings auch nicht verdenken können, wenn Ihr Besuch hier Sie gereut. Sie ham's ja selbst gesehen, die Klasse ist heut' echt daneben; doch was Sie gerade hier erleben, ist, Gott sei Dank, nicht immer so. Wissen Sie, montags sind die Schüler meistens schwierig, kaum lernbereit und alles andere als nett. Auch ich kam gestern ziemlich spät ins Bett, denn meine Frau hat… nee, das ist privat und führt zu weit. Ich habe eben noch ein wenig in dem Buch gelesen. In Kapitel acht stellt Dr. Prior Fragen nach dem »was«, »wann«, »welche«, »woran«, »wodurch« und »wie«. Konstruktiv nennt er die, was immer das auch sei. Doch hier, so denk' ich, bleibt er seltsam unvollständig. Da sind doch noch die großen Fragen nach dem Dasein hier auf Erden: woher wir kommen, wer wir sind und wohin wir schließlich gehen werden! Nach diesem Sinn des Lebens frag ich mich täglich, Sie sich etwa nicht? Aber diese Fragen lässt Herr Dr. Prior leider außen vor! Und dabei, so denk' ich, ist Schülern der Klasse Neun ein wenig Philosophie durchaus schon zuzumuten. Vielleicht sprech' ich das Thema in der nächsten Stunde wenigstens kurz mal an, dann seh' ich, ob .... oh, der Gong! Die Pause ist vorbei, Runde zwei ist eingeläutet!

Konstruktive W-Fragen in kleinen Schritten

Im letzten MiniMax wurde zwischen »**Ja-Nein-Fragen**« und »**konstruktiven W-Fragen**« unterschieden. »Ja-Nein-Fragen« sind Fragen, mit denen man entweder ein »Ja« oder ein »Nein« als Antwort erfragt. **Konstruktive W-Fragen** beginnen mit dem Buchstaben »**W**« eines Fragepronomens (**W**ann …, **W**ie …, **W**elche …, **W**as …) und können besonders gut dazu benutzt werden, Schüler zum Nachdenken über konstruktive Lösungsmöglichkeiten zu bringen.

Wenn ein Schüler klagt: *»Ich habe so viel für die Arbeit gelernt und nun ist sie doch danebengegangen! Immer, immer verhau ich meine Arbeiten«*, so kann man als Lehrer sehr engagierte und bedachte Ja-Nein-Fragen stellen, um die Gründe für die beklagte Leistungsschwäche herauszubekommen. In den meisten Fällen wird man jedoch mit Ja-Nein-Fragen nicht viel erfahren:

Schüler: *»Ich habe so viel gelernt für die Arbeit und nun ist sie doch danebengegangen! Immer, immer verhau ich meine Arbeiten …«*

Lehrer: *»Hmm, kannst du mir erklären, warum du die Arbeit verhauen hast?«*

Schüler: *»Nein, hmm, eigentlich nicht so richtig … ich hab die Lektüre verstanden, ich wusste ja in der Stunde vorher noch prima was dazu zu sagen.«*

Lehrer: *»Vielleicht hast du dich nicht genügend vorbereitet?«*

Schüler: *»Nein, das kann ich nicht sagen … Ich hab den Text mehrfach vorher gelesen und auch verstanden.«*

Lehrer: *»Hast du denn auch die Aufgabenstellung genau durchgelesen und verstanden?«*

Schüler: *»Ja, doch! Ich habe zehn Minuten nur über dem Thema gehangen.«*

Lehrer: *»Hast du dich von den anderen ablenken lassen?«*

Schüler: *»Nein, warum sollte ich denn … ich habe doch alles kapiert. Ich brauchte doch auch bei keinem nachzufragen.«*

Dieser Dialog führt kaum zum gewünschten Ziel. Der Effekt ist vielmehr, dass der Schüler sich noch ratloser, hilfloser und hoffnungsloser fühlt. Viel einfacher und ergiebiger ist es in der Regel, mit offenen konstruktiven W-Fragen Nachdenken zu fördern und Informationen zu erheben: *»Du dachtest, du hättest viel und gründlich gelernt, und dann hast du trotzdem die Klassenarbeit verhauen.* ***Womit*** *könnte das denn zusammenhängen?«* In der Regel wird der Schüler auf diese Frage hin mehr nachdenken als auf alle engagierten Ja-Nein-Fragen des vorherigen Dialoges zusammen. Dabei hat sich doch der Lehrer so engagiert bemüht, zum Problem des Schülers Hypothesen zu entwickeln und diese durch seine Fragen zu überprüfen. Bei konstruktiven W-Fragen hat nicht der Lehrer Hypothesen zu erarbeiten, sondern der am Gespräch beteiligte Schüler wird angeregt, nach möglichen Ursachen für sein Problem zu suchen.

Die offen gestellten konstruktiven W-Fragen eignen

sich auch sehr gut dafür, Lösungen für das Problem zu konstruieren. Entscheidend ist allerdings, dass man die lösungsorientierten konstruktiven W-Fragen **so kleinschrittig wie möglich** stellt. Wenn man nämlich bei konstruktiven W-Fragen nach großen, endgültigen Lösungen fragt, kann das Gespräch trotz der Lösungsorientierung einen ungünstigen Verlauf nehmen. Dies kann an dem folgenden Beispiel deutlich werden:

Schüler: »*Ich bin immer so voller Angst, wenn ich mal was leisten soll …*«
Lehrer: »*Was ist denn der* ***entscheidende Grund*** (zu großer Schritt), *warum du so ängstlich bist?*«
Schüler: »*Weiß ich eigentlich nicht …*«
Lehrer: »*Wann ging es dir denn mal* ***so richtig*** (zu großer Schritt) *gut bei einer Klassenarbeit?*«
Schüler: »*Eigentlich nie …*«
Lehrer: »*Was könntest du denn tun, damit du aus dieser Leistungsangst jetzt* ***endlich rauskommst*** *(zu großer Schritt, wo noch nicht einmal die Alternative klar ist)?*«
Schüler: »*Weiß ich nicht. Wenn ich das nur wüsste …*«
Lehrer: »*Wir brauchen ja nur einen* ***ersten entscheidenden Schritt*** *(zu großer Schritt). Was wäre denn der erste entscheidende Schritt* (trotz des Konjunktivs zu großer Schritt)?«
Schüler: »*Weiß ich nicht … Ich glaube heute ist nicht mein Tag …*«

In diesem kurzen Dialog sind alle Fragen des Lehrers zwar lösungsorientiert, aber für den Schüler zu schwierig zu beantworten. So wird bei ihm schnell eine »Ich-weiß-nicht«-Haltung aufgebaut. Nach wenigen zu schwierigen Fragen scheint der Schüler nur noch zu wissen, dass der Lehrer ihm nicht glaubt oder ihm auch nicht helfen kann. Dieses fatale Ergebnis ist durch eine Aneinanderreihung von zu großschrittigen Fragen entstanden.

Ganz anders und viel positiver kann das Gespräch sich entwickeln, wenn der Lehrer die konstruktiven W-Fragen in kleinen Schritten stellt:

Schüler: *»Ich lerne wie blöde und trotzdem hau ich jede Arbeit daneben …«*

Lehrer: *»**Womit** könnte das denn zusammenhängen, dass du in der Vergangenheit* (s. MiniMax Nr. 1: *»In der Vergangenheit …«) so oft* (MiniMax Nr. 4: *»Immer« stimmt in Verbindung mit einem Problem nie!) Klassenarbeiten versiebt hast?«*

Schüler: *»Ich hab halt viel zu viel Angst, dass ich es nicht schaffe … Ich sag mir immer: Hoffentlich verhaue ich die Arbeit nicht! Und dann verhau ich sie!«*

Lehrer (orientiert an MiniMax Nr. 4: *»Immer stimmt in Verbindung mit einem Problem nie!)«: »**Wann** hast du denn in letzter Zeit mal bei Arbeiten **ein bisschen weniger** Angst gehabt?«*

Schüler: *»Beim Deutschaufsatz letztens, das war so ein tolles Thema, da ist mir gleich so viel eingefallen, da hab ich völlig vergessen, dass ich das vielleicht nicht richtig kann. Und dann hab ich auch so 'ne gute Note bekommen …«*

Lehrer: *»**Wie** kam's, dass dir da gleich so viel eingefallen ist?«*

Schüler: *»Bei dem Thema kannte ich mich aus, da fiel mir viel dazu ein und dann war ich neugierig und habe mich gefragt: ›Was fällt dir denn da noch dazu ein?‹«*

Lehrer: »*Und* ***wie*** *ging es dann?*«

Schüler: »*Na, dann fiel mir immer mehr und immer noch etwas dazu ein, das war toll … Erst zum Schluss, als ich dann den ganzen Text noch einmal durchlas, bekam ich wieder Angst, ob das alles denn überhaupt zum Thema gehört. Ich wollt's schon fast nicht mehr abgeben. Aber ich musst' es ja! Und nachher bekam ich eine 1–2.*«

Lehrer: »*Toll. Gratuliere. Und das hast du u. a. dadurch hingekriegt, soweit ich es verstanden habe, dass du – erleichtert durch das Thema – dich neugierig gefragt hast: ›****Was*** *fällt dir denn da (noch) dazu ein?‹.* ***Wie*** *könntest du denn künftig dich am Anfang von Arbeiten mehr neugierig fragen: ›****Was*** *fällt dir denn da (noch) dazu ein?‹, und dich dann auf deine Einfälle, Ideen, Gedanken und Antworten konzentrieren? Und* ***wie*** *könntest du auch gerade dann, wenn dir zunächst mal nicht so viel oder am Anfang vielleicht sogar scheinbar gar nichts einfällt, dich fragen: ›****Was*** *fällt dir denn da (noch) dazu ein?‹*«

Schüler: »*Hmm, gute Frage … das ist nicht so einfach …*«

Lehrer: »*Hmm. Und* ***was*** *fällt dir denn dazu ein …?*«

Durch viele aufeinanderfolgende kleinschrittige konstruktive W-Fragen des Lehrers entsteht beim Schüler kommunikativ die Erfahrung wachsender Kompetenz in der Beantwortung lösungsrelevanter Fragen: »*Irgendwie weiß ich ja auf alle Ihre Fragen eine Antwort, obwohl ich über vieles, was Sie wissen wollen, noch nicht nachgedacht habe. Und zusätzlich komme ich dabei auf ganz brauchbare Ideen. Vielleicht bin ich ja doch nicht so dumm, wie ich dachte.*« Erleichternd ist es, bei der Frage nach Lösungen zunächst im Konjunktiv nach »Denkbarem« zu fragen: »*Was wäre denn*

als ein erster kleiner Lösungsschritt denkbar?« Wenn der Schüler auf diese Frage einige Antworten geben konnte, kann man sich schrittweise zu der im Indikativ gestellten Frage vorarbeiten: »*Und welche Teile dieser denkbaren Lösungsschritte erscheinen dir am leichtesten gangbar?«* Das konstruktive Erfragen von Lösungen sollte also vom unverbindlichen, das »Brainstorming« fördernden Konjunktiv zum Indikativ fortschreiten. Mit dem beiläufigen Übergang zum Indikativ schafft man eher verbindliche Fakten und kann gangbare Lösungsschritte gleichsam »festklopfen«.
Eine entscheidende Voraussetzung für das Gelingen eines solchen Vorgehens ist die **Richtung** der konstruktiven W-Fragen in kleinen Schritten. **Sie sollten auf Lösungen, Besserungen, Fähigkeiten und Ressourcen des Schülers ausgerichtet sein.** Die gewonnenen Antworten kann man dann fragend weiter ausbauen.

Experimentieren Sie mit Ihren Frageformen. Vermutlich haben Sie schon immer in Ihren Gesprächen und im Unterricht einzelne konstruktive W-Fragen in kleinen Schritten gestellt, ohne darauf zu achten. Achten Sie mehr darauf und erlauben Sie sich kleine Schritte, wenn Sie lernen, konstruktive W-Fragen in kleinen Schritten immer systematischer zu stellen. Wie könnten Sie da vorgehen? Welche Ideen kommen Ihnen dazu? Welche Erfahrungen werden Sie sammeln, wenn Sie in Ihren nächsten Gesprächen ganz bewusst einige konstruktive W-Fragen in kleinen Schritten stellen?

»So, nehmt Platz! Fehlt noch einer – außer Judy? Nein?« »Doch, der Heiner!« »Der schon wieder? Sag', Marleen, ham' wir uns heute überhaupt schon mal geseh'n? Wirklich? Na gut ... so, und nun hört zu! Ich denk', ihr habt euch sicher auch schon manchmal nach dem Sinn des Lebens und der Welt gefragt. Wißt ihr, wie man diese Suche nach Erkenntnis nennt? ... nein? ... Philosophie! Vor allem drei Fragen beschäftigen die Philosophen: woher kommt, was ist und wohin geht der Mensch? Habt ihr denn auch schon einmal darüber nachgedacht, woher wir eigentlich kommen?« »Wie? Von wo wir kommen?« »Nein, nicht von wo! Woher!« »Na, von draußen! Und Heiner, der kommt grad vom Klo! Und sowas interessiert Philosophen? Und wer wir sind? Herr Brumm, das sollten Sie aber doch inzwischen wissen! Und wohin ...« »Hört auf! Gott, seid ihr albern! Ich merk', ich hab' da wohl gedanklich etwas hoch gegriffen, Herr Prior hat scheint's Recht mit kleinen Schritten.« »Sagen Sie, Herr Brumm, sind wir das in dem Buch da drinne?« »Na überleg' mal! Kann das sein? Denk doch mal logisch!«

»Angenommen, du würdest ...«

In den letzten MiniMax-Texten wurde ausgeführt, wie sinnvoll und nützlich die Unterscheidung zwischen »Ja-Nein-Fragen« und »konstruktiven W-Fragen« ist. Wer Erkenntnisse gewinnen und konstruktive Antworten wahrscheinlicher machen will, stellt eher kleinschrittige konstruktive W-Fragen (»*Welche Ideen habt ihr denn, wie man dieses Problem angehen könnte?«)* und arbeitet dann mit den erhaltenen Antworten weiter.

Im Folgenden soll nun eine weitere Frageform vorgestellt werden, die noch zusätzlich helfen kann, den Gang des Gesprächs und damit die Aufmerksamkeit der Schüler in eine konstruktive Richtung zu lenken: **die »Angenommen-Frage«, mit der man zum Überdenken von zwei oder mehr wünschenswerten Alternativen anregt.**

Eine derart gestellte Frage greift zunächst die Interessen und den Ausgangspunkt des Schülers auf. Wenn man z. B. einen Schüler in seinen Bemühungen um die Versetzung unterstützen will, so kann man in einem Gespräch zunächst konstatieren: »*Du willst ja versetzt werden. Und du hast ja erkannt, dass es ein guter Weg zu besseren Noten ist, die Hausaufgaben sorgfältig und vollständig zu machen*«

(Aufgreifen von Interesse und Ausgangspunkt des Schülers). Dann kann man den Schüler mit dem Wort »Angenommen …« zu einem Gedankenspiel einladen: *»Angenommen, du wärst bereit, für deine Versetzung noch etwas mehr zu tun«*, und zwei oder mehr Vorschläge folgen lassen, die wünschenswerte Alternativen enthalten: *»Würdest du dann verstärkt überlegen, wie du deine Zeit besser einteilen könntest in Hausaufgabenzeit und in echte freie Zeit (z. B. dadurch, dass du dir verbietest, nach einer bestimmten Uhrzeit noch etwas für die Schule zu tun)? Oder würdest du vorübergehend einfach mal die Hausaufgaben an die erste Stelle setzen und zunächst mal eine Woche lang zuerst alle Hausaufgaben sorgfältig und vollständig machen und dich erst danach mit dem beschäftigen, was dir sonst noch wichtig ist?«*

Mit solchen Fragen nach zwei oder mehr wünschenswerten Alternativen kann der Schüler auf indirekte und verführerische Art und Weise dazu gebracht werden, neue Möglichkeiten innerlich durchzuspielen. Diese Fragen sind umso wertvoller, je mehr ihre impliziten Vorschläge mit den Zielen und Werten des Schülers übereinstimmen. Wenn es gelingt, mit »Angenommen-Fragen« nach wünschenswerten Möglichkeiten Lösungen anzuregen oder gar etwas zu treffen, was der Gesprächspartner begeistert als erhellenden Geistesblitz annimmt, dann sind dies wahre Perlen der kommunikativen Erfahrung.

Für diese Frageform hier weitere Beispiele:

– ***»Angenommen, du würdest etwas tun wollen, um*** *dir eine ›4‹ in Englisch zu sichern. Würdest du dann eher jeden Tag zusätzlich 10 Minuten Vokabeln lernen oder würdest du lieber deine Eltern bitten, dir wöchent-*

lich eine Nachhilfestunde zu bezahlen? Oder würdest du dir die Grundlagen in Englisch lieber längerfristig gegen Bezahlung ›reinziehen‹, indem du dir einen Nachhilfeschüler suchst, der zwei Klassen tiefer ist und gerade mit Englisch angefangen hat?«

- *»Bruchrechnen war ja in der Vergangenheit* (s. MiniMax Nr. 1: *»In der Vergangenheit …«) nicht deine Stärke. Und jetzt brauchen wir das schon wieder und du wirst es bis zum Schulabschluss leider immer wieder brauchen.* ***Angenommen, du wolltest herausfinden, wie*** *du Bruchrechnen verstehen kannst, würdest du dann deinen großen Bruder bitten, dir alles noch mal zu erklären und Aufgaben zu üben, oder würdest du lieber in den nächsten Stunden besonders gut aufpassen und bei allem, was du nicht verstehst, Fragen stellen – auch wenn die anderen davon etwas genervt sein sollten?«*
- *»Geschichte ist ja dein Lieblingsfach, Geschichte liegt dir und macht dir Spaß. Wie du mir erzählt hast, beschäftigst du dich viel mit Geschichte, das bringt dann Spaß, dann wirst du auch noch mit guten Noten dafür belohnt, und das motiviert wiederum noch zusätzlich, dich mit Geschichte zu beschäftigen.* ***Angenommen, du würdest dieses Spaßrezept auf Mathe übertragen wollen,*** *damit du auch an Mathe auf ähnliche Art und Weise Spaß hast, dich viel damit beschäftigst, was wiederum Spaß bringt, und du dafür dann auch noch mit guten Noten belohnt wirst usw. … – würdest du dich dazu dadurch motivieren, dass du dir innerlich sagst: ›Beschäftige dich viel mit Mathe, dann findest du Spaß daran und das wird dann auch noch mit guten Noten belohnt‹, oder würdest du eher denken: ›In der Vergangenheit* (s. MiniMax

Nr. 1: »*In der Vergangenheit ...«) habe ich wenig darauf geachtet, wie ich an Mathe Spaß haben konnte. Ich tu jetzt erst mal einfach eine Woche lang so, als ob Mathe Spaß macht, als ob ich an Beschäftigung mit Mathe Spaß finden könnte, und dann entdecke ich auch mehr Spaß daran.‹«*

- »***Angenommen, du würdest mit deinen Eltern noch mal verhandeln**, damit sie dich doch mit auf die Klassenfahrt lassen. Müsstest du ihnen dann eher etwas im schulischen Bereich anbieten (also z. B. bis zur Klassenfahrt täglich 30 Minuten Vokabellernen zusätzlich) oder müsstest du ihnen eher in einem anderen Bereich entgegenkommen? Oder welches* (s. MiniMax Nr. 8 *Konstruktive W-Fragen) wäre deiner Meinung nach die erfolgreichste Strategie?«*
- Eine Mutter schildert glaubhaft, dass ihr Sohn den Stoff zu Hause gut kann, nur in den Klassenarbeiten blockiert ist, bei denen er tatsächlich auch völlig blass und ängstlich dasitzt und buchstäblich nichts mehr versteht.

  »Frau Müller, aus Ihrer Kindheit wissen Sie ja vielleicht, dass Popeye immer eine Büchse Spinat dabeihatte, die auf ihn wie der Zaubertrank bei Asterix gewirkt hat. Sie haben wahrscheinlich nicht gewusst, dass sehr viele Schüler sich einen solchen Angstbekämpfer in Form eines Lieblingstieres, eines Maskottchens oder auch z. B. in Form eines Stücks Traubenzucker zu einer Klassenarbeit mitnehmen. In der Vergangenheit haben Sie noch nicht daran gedacht, Ihrem Sohn zu Hause beim Lernen das Lieblingstier auf den Tisch zu stellen, das vielleicht so etwas wie sein Krafttier sein kann. Dieses Krafttier soll zu Hause mitbekommen, was Ihr Sohn alles gelernt hat,

weiß und kann. ***Angenommen,*** *Sie würden ihn dann dieses Krafttier zu den Arbeiten mitnehmen lassen. Würden Sie ihm dann noch zusätzlich ein Stück Traubenzucker als Kraftnahrung mitgeben oder würden Sie denken, dass das Krafttier allein schon Ihrem Sohn mehr Mut und Kraft für die Arbeiten gibt, wenn es dann auch bei den Klassenarbeiten auf dem Tisch sitzt?«*

- Im Gespräch mit einem Kollegen: »***Wenn Sie dieses Mal mit dem Rauchen für immer aufhören würden,*** *sodass Sie gegen das ›Wiederanfangen‹ immun wären, würden Sie das eher so machen, dass Sie allen Freunden und Bekannten Ihren endgültigen Abschied vom Rauchen verkündeten und Wetten abschlössen, oder würden Sie eher für sich auf andere Art und Weise sicherstellen, dass Sie sich endgültig von dem Thema Rauchen verabschieden werden?«*
- Im Gespräch mit einem Referendar: »***Angenommen, Sie würden bei Ihrer nächsten Prüfung*** *Ihren Prüfer kurzzeitig sich so vorstellen, als wäre er nur mit seinem Füller bekleidet, würden Sie diesen Prüfer dann mehr als ›normalen Menschen wie du und ich‹ sehen können oder würden Sie sich dann eher sagen: ›Ich habe mich gut vorbereitet und konzentriere mich ganz darauf, gute Antworten zu geben‹? Oder wie würden Sie dann die Prüfungssituation erleben?«*

Aus diesen Beispielen wird deutlich, dass die oben jeweils fett gedruckte Annahme nur insofern wichtig ist, als sie es ermöglicht, in den daran anschließenden Sätzen

- die Aufmerksamkeit in nützliche Richtungen zu lenken,

- den Gesprächspartner auf neue Gedanken zu bringen,
- Anregungen und Vorschläge »verbraucherfreundlich« und ansprechend zu verpacken,
- den Gesprächspartner in lösungs- und besserungsförderliche Suchprozesse zu involvieren.

Das eigentlich Wichtige wird also **nach** der Annahme kommuniziert.

Die »Angenommen-Frage« wirkt zugegebenermaßen zunächst etwas umständlich. Sie empfiehlt sich bei Menschen, die den direkten Vorschlag (»Verhandle doch noch mal mit deinen Eltern!«, »Schließ doch Wetten ab, dass du es dieses Mal schaffst, mit dem Rauchen aufzuhören!«, »Stell dir doch den Prüfer so vor, als wäre er nur mit seinem Füller bekleidet!«) vorschnell ablehnen würden. Will man dem Gesprächspartner Vorschläge machen und diese von ihm möglichst gut bedacht wissen, so lohnt sich ein Versuch mit der »Angenommen-Frage«. Eine weitere Möglichkeit sind – vor allem bei befürchteter reflexartiger Ablehnung – die »Nicht-Vorschläge« aus MiniMax Nr. 13.

Angenommen, Sie würden jetzt schon erkennen, dass Sie mit dieser Frageform Ihre schulische Arbeit sehr viel wirksamer gestalten könnten, würden Sie dann diese Ausführungen noch einmal lesen, um sie sich einzuprägen, oder würden Sie das Blatt mit den »16 MiniMax-Strategien im Überblick« (S. 123) kopieren und irgendwo an Ihrem Schreibtisch gut sichtbar als Erinnerungs- und Übungshilfe aufhängen? Oder wie würden Sie solche anregenden »Angenommen-Fragen« nach wünschenswerten Alternativen häufiger stellen?

»So, Hefte raus, es ruft die Pflicht!« »Ach nee, jetzt philosophierten wir doch grad so schön und nun komm'se uns schon wieder mit dem ollen Pü… Pü…« »…thagoras!« »Der macht uns echt kein' Spaß!« »Apro…, von wegen Spaß: nehm' wir mal an, ihr wärt bereit, 'nen Bruchteil von der Zeit, die ihr beim Fußballspiel verbringt, für mein Fach hier aufzuwenden. Vielleicht wär's 'ne Gelegenheit, auch Mathe ein bisschen Spaß abzugewinnen!« »Ham Sie 'ne Ahnung, was trainieren heißt? Da bleibt für Mathe keine Zeit!« »Na, stellt euch doch mal vor, statt draußen 'rumzuklotzen, könnt ihr hier mit Mathenoten protzen!« »Da ist von unsren Fans doch kein Schwein dran interessiert! Und man muss ja auch mal an die Zukunft denken! Wer, mein'se wohl, verdient mehr Kohle: 'n Fußballprofi oder 'n Lehrer in der Schule?« »Na, wenn ihr euch da mal nicht verseht« »Hej Leute, hört mal, was hier steht: Wir soll'n uns mal Herrn Brumm vorstell'n!« »Na und?« »Mit nix an als'm Füller!«

»Tu mal so, als ob ...«

Kinder lieben es, in andere Rollen zu schlüpfen. In Sekundenbruchteilen sind sie Cowboy, Indianer, Barbie, Michael Schumacher, ein Musikstar oder eine bekannte Schauspielerin. Beim Fußballspielen macht es besonders Spaß, wenn die eine Mannschaft die »Brasilianer« und die andere die »Deutschen« ist und die einzelnen Spieler so tun, als wären sie Eusebio, Ronaldo, Pelé, Beckenbauer, Klinsmann usw ... Wenn der »Schiri« dann noch einen begeisterten Fernsehkommentator mimt und das Spiel mit den entsprechenden anfeuernden Sprüchen begleitet, ist größtes Engagement fast garantiert.

Auch wenn die Leichtigkeit und Intensität, mit der man so tun kann, als ob, bei vielen Menschen mit zunehmendem Alter etwas nachlässt, so bleibt es eine Grundfähigkeit des Menschen, so zu tun, als ob man »in Wirklichkeit« ein anderer Mensch oder die Situation »in Wirklichkeit« anders wäre. In der Theater-AG ist die »Tu mal so, als ob ...«-Strategie so selbstverständlich, dass sie als solche kaum wahrgenommen wird: »Tu mal so, als ob du Rentner Müller wärst und nicht wüsstest, dass hinter der Tür der Einbrecher steht ...«. Darüber hinaus kann die »Tu mal so, als ob …«-Strategie überall dort sinnvoll eingesetzt werden, wo der Schüler seine eigenen Einschränkungen und Begrenzungen überwinden will. Das ist oft der Fall, wenn der Schüler eine Fähigkeit für erforderlich hält, die er an sich selbst nicht wahrnehmen kann oder die er für als nicht mit seinem bisherigen Bild von sich vereinbar hält. Vereinzelt sind Schüler z. B. der festen Überzeugung, dass sie keinerlei künstlerische Begabung und nur zwei ungeschickte »linke« Hände hätten, wenn es um bildnerisches Gestalten geht. Mit einem derart einschränkenden negativen Selbstbild tut sich ein Schüler natürlich schwer, wenn es im Kunstunterricht darum geht, das Thema mit Pinsel und Farbe aufs Papier zu bringen – vor allem, wenn der Schüler glaubt, für die Aufgabe seien künstlerische Begabung und eine geschickte »rechte« Zeichenhand unbedingt erforderlich. Natürlich kann man einen solchen Schüler davon zu überzeugen versuchen, dass jeder Mensch und folglich auch er eine künstlerische Ader habe. Hierbei können die anschließende MiniMax-Strategie Nr. 12 *»Du denkst, du kannst nicht …«* und MiniMax Nr. 7 *»noch nicht«* eine Hilfe sein *(»Du denkst, du kannst nicht malen. Du weißt einfach noch nicht, wie viel kreatives Potenzial in dir steckt, während dein Unbewusstes schon immer im Verborgenen kreative Gestaltungsideen produziert hat und dir damit zur Hand sein wollte …«)* Oder man kann in Anlehnung an MiniMax Nr. 4 daran erinnern, dass es sicher Ausnahmen zu dem vermeintlich »immer« bestehenden Problem der mangelnden künstlerischen Begabung gegeben hat, und sich mit konstruktiven W-Fragen von MiniMax Nr. 8 und 9 auf die Suche nach Ansätzen kreativ-gestalterischen Geschicks machen, um damit das einschränkende Selbstbild zu erweitern.

Zusätzlich zu diesen und anderen Möglichkeiten ist es eine gute Option, dem Schüler, der nach der Aufgabenstellung »wie immer wie der Ochs vorm Berg steht« (was aber nie stimmt – siehe MiniMax Nr. 4), zu sagen: *»Jetzt tu mal so, als hättest du so etwas wie einen inneren Ideengenerator, der ständig Ideen produziert, und in diesem Ideengenerator in dir drin würde eine Idee schlummern, wie man diese Aufgabe gestalten könnte. Und du bist dann neugierig*[6]*, wie diese Idee allmählich hochkommt und wie du alles, was da hochkommt, als einen guten Anfang begrüßt, in dessen Folge allmählich andere Ideen hinzukommen werden. Tu mal so, als ob eine deiner Hände zeichnerisch begabt wäre und vage Ideen quasi ›mit links‹ in erste Entwürfe und Versuche umsetzen will.«*

Die Empfehlung »Tu mal so, als ob …!« kann immer dann hilfreich sein, wenn man den Rahmen »Schulunterricht« verlassen will. Auch wenn man den Eindruck hat, dass der Schüler sich selbst im Weg steht oder Schwierigkeiten hat, quasi über seinen eigenen Schatten zu springen, kann man anregen, mal so zu tun, als ob …:

> *»Tut mal so, als ob es euch Spaß machen würde, aus voller Kehle zu singen, so wie die Sängerin von … (Name der gerade ›angesagten‹ Musikgruppe).« Den Takt auf Englisch einzählend: »A one, a two, a one, two, three …«*
>
> *»Du hast ja erzählt, dass du neulich das Interview mit David Beckham im Fernsehen gesehen hast. Wenn du jetzt gleich diesen Text liest, dann möchte ich dich bitten, mal so zu tun, als wärst du David Beckham, der irgendeine Presseerklärung seines Vereins verliest, und du hast seinen Tonfall und seine Aussprache …«*
>
> Der Lehrer hat Spaß, mal so zu tun, als wäre er ein Fern-

sehreporter, und schafft damit eine Kulisse für eine hohe Motivation: *»Meine Damen und Herren! In Kürze findet hier im Stadion der olympische 100-m-Lauf der Herren statt. Er wird in 4 Läufen mit je 7 Athleten durchgeführt. Zunächst machen sich die Läufer warm. Die Spannung steigt ...«*

»Lasst uns hier mal so tun, als würden wir eine Radio- oder Fernsehsendung zur Frankfurter Buchmesse machen, und du wärst der Kritiker. Könntest du bei deiner Buchvorstellung bitte mal so tun, als ob alles, was du zu dem Buch sagst, von großer Wichtigkeit sei? Stell dir mal vor, du wärst eine medienbekannte Kritikerlegende, vielleicht Marcel Reich-Ranicki. Und das, was du sagst, sagst du laut, deutlich und so, als würdest du im Brustton der Überzeugung von bedeutsamen Dingen sprechen.«

Möglicherweise hatten Sie in der Vergangenheit nicht von sich den Eindruck, dass Sie ein gutes kommunikatives Geschick hätten. Tun Sie doch einfach mal so, als schlummerten in Ihnen viele Ideen, wo und wie man diese MiniMax-Strategie des »Tu mal so, als ob ...« in Ihrem Schulalltag so einsetzen könnte, dass sie Ihren Schülern dabei hilft, spielerisch über den eigenen Schatten zu springen und Zugang zu neuen Möglichkeiten zu finden. Erlauben Sie sich die detektivische Freude, herauszufinden, wo und wie Sie selbst ab und zu so tun könnten, als ob Sie etwas Reizvolles, Ihnen aber fast unmöglich Erscheinendes doch »gewuppt« bekommen.

»Manchmal glaub' ich, ihr versteht mich nicht. Stellt euch mal vor, ihr stündet selbst als Lehrer hier …« »Wir? Als Lehrer? Nee! Tun Sie mal so, als ob Sie'n Schüler wär'n!« »Na, das wissen wir doch schon, seitdem er sich vorhin geoutet hat!« »Nun, war nur so 'ne Idee. In seinem Buch will uns Herr Prior nämlich zeigen, wie sinnvoll Rollenspiele sind … Ah, dazu fällt mir noch was ein: stellt euch vor, ihr interviewt Pythagoras …« »Wir könn' kein Griechisch!« »Spielt er Fußball? Isser Fan von Panathinaikos Athen?« »Jetzt redet doch nicht solchen Stuss daher! Urs, du weißt sicher mehr?« »Der hat ein Quadrat gemacht und'n zweites noch, und'n drittes angefangen …« »Und weiter?« »Weiß nicht, vielleicht isser daran totgegangen.« »Urs, das war jetzt aber unter dei'm Niveau!« »Wieso? Lebt der denn noch? Und mehr ham' wir doch von Ihnen auch noch nicht erfahren.« »Nun, wir wär'n ja auch viel weiter mit dem Stoff gekommen, bloß … Sagt mal, was ist denn da hinten los?«

»Du *denkst,* du kannst das nicht …«

Immer wieder kommt es vor, dass ein Schüler sagt, er wünsche sich sehr, dass er X (lernen) könne, aber er bekomme das leider irgendwie nicht hin, er könne das nicht (lernen), sei unfähig dazu etc.: *»Ich kann mir das einfach nicht merken …«, »Ich kann mich bei Tests einfach nicht richtig konzentrieren …«, »Ich weiß nicht, wie ich das besser machen könnte …«, »Ich traue mich einfach nicht …«, »Ich bin einfach unfähig zu …«.*

Von solchen Unfähigkeitsbeteuerungen fühlt man sich als Lehrer schnell dazu eingeladen, Vorschläge zu machen, deren Annahme dazu führen soll, dass der Schüler fähiger wird, sich einfach mal trauen, es besser machen, sich konzentrieren, es sich doch merken kann etc. (»Trau dich doch einfach mal!«, »Versuchs doch mal damit, dass du …«, »Du musst einfach …«). Nicht alle Schüler wissen diese guten Ratschläge zu schätzen. Viele Schüler empfinden sie als »besserwisserisch«, in schlimmeren Fällen als »klugscheißerisch«. Sie fühlen sich mit so einem kluge Ratschläge gebenden Lehrer und der hierarchischen Beziehung (unten der unfähige, unwissende Schüler – oben der fähige und allwissend wirkende Lehrer) nicht wohl und sind dadurch daran gehindert, gute Ratschläge anzunehmen. Es ist es also durchaus sinnvoll, nicht immer sofort mit Vor- bzw. Ratschlägen auf solche Unfähigkeitsbotschaften zu reagieren.

Sondern …? (s. MiniMax Nr. 3: *Positive Formulierungen oder »sondern …?«*) Welche Reaktion ist sinnvoll? Man kann diese Unfähigkeitserklärungen in vielen Fällen ja nicht einfach akzeptieren und ihnen gegenüber eine verständnisvoll-hilflose Haltung einnehmen nach dem Motto: »Ich akzeptiere es und nehme es halt als gegeben hin, dass du das nicht kannst und dazu unfähig bist.« Als Lehrer will man doch die Tür zu künftigem neuem Lernen, zur Nutzung bisher ungenutzter Fähigkeiten und Möglichkeiten offen halten. Aber wie lässt sich das anders als mit den gut gemeinten Ratschlägen machen, die so schnell und häufig abgelehnt werden?

Man kann den Schüler, der sich z. B. »einfach nicht traut«, auch in Anwendung der MiniMax-Strategie Nr. 10 mit verführerischen »Angenommen-Fragen« nach zwei wünschenswerten Alternativen auf gute Gedanken bringen: *»Angenommen, du würdest dich einfach mal trauen. Würdest du dann davon ausgehen, dass das, was du sagst, schon etwas Richtiges enthält? Oder würdest du eher denken: ›Wichtig ist, dass ich den Mut habe, auch was zu sagen, was nicht so 100-prozentig wasserdicht ist.‹«*

Wenn der Schüler seine vermeintliche (Lern-)Unfähigkeit erklärt, kann man noch eine weitere Strategie anwenden. Diese Strategie basiert auf der nur schwer abstreitbaren Tatsache, dass der Schüler nur **denkt,** dass er etwas nicht (lernen) kann. Dies lässt offen, dass der Schüler es entgegen seinem Denken tatsächlich doch (lernen) kann, und erlaubt es, die Aufmerksamkeit auf diese vom Denken des Schülers ausgeschlossenen Möglichkeiten zu lenken:

Schüler: »*Wenn ich auch nur ein bisschen unsicher bin, dann trau ich mich nicht, mich zu melden …*«

Lehrer: »*Du* ***denkst****, du könntest dich nicht trauen, dich zu melden, wenn du unsicher bist. Aber es gibt eine Seite in dir, die will sich auch mal melden dürfen, wenn du nicht so 100-prozentig sicher bist. Bisher* (s. MiniMax Nr. 1: »*In der Vergangenheit …*«) *hast du diese Seite möglicherweise wenig beachtet. Aber es gibt diese Seite, die dich manchmal dazu drängt, dass du dich trotz Unsicherheit meldest. Dieser Seite darfst du ruhig mehr nachgeben und gute Erfahrungen damit machen. Du hast dir halt bisher selten erlaubt, deine »Redebremse«* (MiniMax Nr. 5: »*Dein Problem ist vergleichbar mit … Es ist wie …*«) *etwas zu lockern …*«

Schüler: »*Tests sind so ein Stress für mich, da kann ich mich einfach nicht richtig konzentrieren …*«

Lehrer: »*Du denkst, du kannst dich bei Tests nicht richtig konzentrieren. Dabei hat eine Seite von dir überhaupt keine Lust, Stress damit zu haben, dass das hier ein Test ist. Diese Seite will einfach mit der Aufgabe beschäftigt sein dürfen und ihr Bestes geben, um die Aufgabe zu lösen. Ich kann mir gut vorstellen, dass diese Seite sich bei den nächsten Tests immer mehr durchsetzt – zumindest mal für einige Augenblicke oder einzelne Aufgaben. Ich bin gespannt, woran* (MiniMax Nr. 2: *Nicht »ob …«, sondern »wie …«, »was …« und »welche …«*) *du merken wirst, dass das so war …*«

Diesem Vorgehen liegt folgende Struktur zugrunde:

- Der Schüler sagt: »*Ich kann leider nicht …*«, und signalisiert, dass er es aber doch können will.
- Der Lehrer sagt verständnisvoll: »*Du* ***denkst****, du*

kannst nicht ...«. Damit wird die Aussage des Schülers verstanden und akzeptiert. Darüber hinaus ist es nach diesem Verständnis keine scheinbar objektive Tatsache mehr, dass der Schüler nicht kann, sondern man versteht, dass der Schüler nur **denkt**, dass er nicht kann. Der Lehrer akzeptiert diese gedachte Einschränkung und stellt ihr gleichzeitig die andere Seite einer zusätzlichen Möglichkeit gegenüber:

- Er benennt diese anderen Seiten, Teile oder Fähigkeiten des Schülers, die es ihm unabhängig von seinem begrenzten Denken doch ermöglichen können, dass er das kann, was er bisher dachte, nicht zu können. Der Lehrer lenkt die Aufmerksamkeit auf diese Möglichkeiten, Fähigkeiten oder Seiten des Schülers.

Wenn ein Schüler davon überzeugt ist, etwas (X) nicht (tun, lernen) zu können, zu etwas unfähig zu sein, es aber doch können will, dann kann der Lehrer ganz allgemein gesprochen so reagieren: *»Du denkst, du kannst X nicht. In deinem Leben hast du schon manche Dinge gelernt, von denen du dachtest: ›Das kann ich nie, das lerne ich nie.‹ Möglicherweise ging dir das so, als du Schreiben lerntest und ein d von einem b unterscheiden lernen solltest. Oder als du zum ersten Mal ein Fahrrad fahren wolltest. Unabhängig von deinem Denken gibt es Fähigkeiten, die es dir ermöglichen können, X doch (tun, lernen) zu können. Auf diese Fähigkeiten baue ich.«*

Mancher Leser denkt vielleicht: *»Viele MiniMax-Strategien leuchten mir ein, aber ich werde nie lernen, sie in meinen Alltagsgesprächen anzuwenden.«* Aber jeder Mensch hat schon Dinge gelernt, von denen er dachte, dass er sie nie lernen würde. Vielleicht ging Ihnen das so, als Sie zum ersten Mal in einem Auto saßen und all die vielen Dinge gleichzeitig beachten und selbst fahren sollten. Mittlerweile haben Sie gelernt, so gut Auto zu fahren, dass Sie sich während der Fahrt mit anderen unterhalten, Musik hören oder über eine schöne Landschaft freuen können. Ohne dass Ihnen das so bewusst war, haben Sie auch einige dieser MiniMax-Strategien bisweilen auf ganz natürliche, Ihnen entsprechende Art und Weise angewandt.

Vielleicht dachten Sie auch, dass MiniMax-Strategien nie zu einem selbstverständlichen Teil Ihrer konstruktiven kommunikativen Fertigkeiten werden könnten. Trotzdem hat sich möglicherweise einiges aus diesem Buch schon unbewusst festgesetzt. Und vielleicht wächst eine Neugier darauf, die eine oder andere MiniMax-Strategie gezielt auszuprobieren oder zu beobachten, wie Ihnen unabsichtlich »rausgerutschte« MiniMax-Formulierungen die Kommunikation erleichtern. Das kann dazu führen, dass Sie bemerken, wie Sie diese MiniMax-Strategien häufiger einsetzen.

»Nun, was war das eben?« »Herr Brumm, Minette mobbt mich immerzu!« »So? Mini, lass den Max in Ruh! Und nun aufgepasst, seht her zu mir … was gibt's denn da zu heul'n? Minette, was ist los mir dir?« »Ach nix« »Na, ich denke … Moment, die Klasse, die beschäftigt sich mal kurz allein … nun, Mini, was ist los?« »Sie denken, immer ich!« »Nana, du weißt doch, ›immer‹ nicht!« »Der Max ist's, der mich dauernd ärgern tut, bloß seh'n Sie das von vorne nicht so gut.« »Dann kannste's mir doch ruhig sagen!« »Ich petz doch nich!« »Dann wehr' dich doch mal gegen diesen Knaben!« »Na, Sie sind gut! Sie seh'n doch, so wie der gebaut …« »Na, Max, der ist doch ziemlich klein …« »Aber echt gemein!« »Vorhin, da warst du aber schon recht gut!« »Das war die reine Wut!« »Dich wehren also, meinst du, kannst du nicht … warte, ich hab' 'ne kleine Nichte, die kann Karate – und die schafft jeden! Ich kann ja mal mit ihr darüber reden.«

Nicht-Vorschläge

Welcher Lehrer kennt das nicht: Ein Schüler schildert ein Problem, man freut sich, dass man für dieses Problem einen guten Rat hat, macht einen wirklich guten Vorschlag, begründet alles auch noch sehr stichhaltig, und dann wird dieser Vorschlag mehr oder weniger kategorisch abgelehnt! Oder der Schüler »ja-abert«, indem er sagt: »**Ja**, das ist wirklich ein guter Vorschlag, **aber** ich kann ihn leider nicht annehmen.« Manchmal beteuert der Schüler auch, dass er »wirklich versuchen« werde, diesen Vorschlag umzusetzen. Als engagierter Lehrer drängt man den Schüler sehr, das auch wirklich zu versuchen, man weiß aber innerlich schon, dass außer wortreichen Entschuldigungen (»Es tut mir leid, ich habe es echt versucht, aber …«) am Ende nichts dabei herauskommen wird. Der Ärger über diese offene oder versteckte Ablehnung guter Vorschläge bestätigt die unerfreuliche Erkenntnis: Direkte gute Vorschläge erleben viele Menschen leider vor allem als »Schläge«. Viele Menschen können auch wirklich gute Vorschläge einfach nicht annehmen und reagieren nach dem Motto: Ratschläge sind auch Schläge.

Die Ablehnung von guten Ratschlägen und die dadurch

hervorgerufene ärgerliche Enttäuschung kann man sich künftig ersparen. Die Annahmequote von Vorschlägen und Ratschlägen steigt erheblich, wenn man seine Vorschläge in Negationen verpackt und Nicht-Vorschläge macht. Dabei nutzt man die Erkenntnis, dass alles, was hinter einer Negation steht, unweigerlich für kurze Zeit innerlich aktiviert wird. Das können Sie leicht an Ihrer Reaktion beim Lesen der folgenden Sätze überprüfen. Sie werden merken, dass Sie das, was Sie eigentlich aufgefordert werden nicht zu tun, für kurze Zeit doch tun:

- ***»Denk jetzt nicht*** *an ein rosa Kaninchen!«*
- ***»Spüre nicht,*** *wie es wäre, wenn du jetzt einen Esslöffel voll mit frischem Zitronensaft im Mund hättest und dieser saure Zitronensaft im Mund alles zusammenziehen würde …«*
- ***»Stell dir nicht*** *vor, wie dein Direktor mit einem großen Cowboyhut auf dem Kopf aussehen würde …«*

Diesen »Denk-nicht-an-ein-rosa-Kaninchen-Effekt« kann man nutzen, wenn man seine guten Vorschläge in Negationen verpackt:

- *»In der Vergangenheit hast du dich bei Klassenarbeiten auch nicht erst mal auf die einfacheren Fragen einstellen können und darauf, dass du gut vorbereitet bist …«* (Aber demnächst wirst du das können).
- *»Um vom Kunstunterricht profitieren zu können, muss man gar nicht glauben, dass jeder Mensch (und folglich auch man selbst) eine künstlerische Begabung hat oder ein Bedürfnis, etwas kreativ auszudrücken. Wichtiger*

kann es sein, sich an dem Spaß zu orientieren, den es macht, seine Möglichkeiten zu erweitern, etwas zu Papier zu bringen oder zu gestalten …«

- *»In der nächsten Zeit brauchst du dir auch nicht immer wieder bewusst die Frage zu stellen: ›Was willst du mit der Schule erreichen? Was willst du nach der Schule machen?‹ …, denn diese Frage wird dich möglicherweise eher innerlich beschäftigen und im Hintergrund begleiten …«*
- *»Mir ist einfach wichtig, dass ich in deiner Klassenarbeit lesen kann, was du geschrieben hast. Meinetwegen brauchst du mir das ja gar nicht abzunehmen, dass es deine Gedanken ordnen hilft, wenn du ordentlich und leserlich schreibst …«*
- *»Du musst ja gar nicht denken, dass Rhythmus etwas ist, was man lernen kann. Wenn man viel mitzählt, eins-tata, zwei-tata, dann verinnerlicht sich das automatisch …«*
- *»Wahrscheinlich macht das bei dir keinen Sinn, als Experiment eine Woche lang erst die Hausaufgaben zu machen und dann Computer zu spielen und es zu genießen, dass man für die Schule alles erledigt hat …«*

Wenn der Lehrer seine Vorschläge in eine solche, durch die vorangestellte Negation relativierte Form bringt, hat der Schüler immer die Freiheit zu sagen: »Nein, das geht ja auch aus folgenden Gründen nicht …«, und wird dann auf einen verständnisvollen oder zumindest um Verständnis bemühten Lehrer treffen. Oder der Schüler reagiert mit: »Hm, das hätte ich eigentlich machen können. Das ist ja eine gute Idee …« Und oft kommt es dem Schüler dann hinterher so vor, als sei diese gute Idee von ihm selbst gekommen. Der Schüler hat also alle Freiheiten, die für ihn passenden Anregungen aufzugreifen und die unpassenden zu ignorieren. Fruchtlose Kämpfe um Annahme oder Ablehnung des Vorschlages werden vermieden. Die Positionen von Ablehnung und Annahme sind sinnvoll besetzt: der Lehrer bezieht mit seinen Nicht-Vorschlägen vorsichtig die »Das-geht-nicht!«-Position oder hat die Haltung: »Du brauchst nicht ...«. »Warum eigentlich nicht?« ist eher die Position des Schülers.

Die **Haltung**, mit der man diese Nicht-Vorschläge macht, sollte der sprachlichen Formulierung entsprechen: Man macht eigentlich gar keinen Vorschlag, man will auch keinen machen. Man stellt vielmehr schon im Vorwege mehr oder weniger beiläufig fest, dass das Gesagte aus Sicht des Schülers wahrscheinlich eher nicht machbar oder möglicherweise nicht sinnvoll ist, sagt es aber trotzdem. Wenn der Schüler das Gesagte dann ebenfalls als nicht machbar und unsinnig bezeichnet und das begründet, hat man dafür Verständnis. Man lässt sich aber auch gerne vom Schüler widerlegen und bezüglich der Machbarkeit eines Besseren belehren. Der Schüler entscheidet selbst darüber, was für ihn sinnvoll, machbar und möglich ist.

Besonders einladend und verführerisch ist es, gute Ideen mit folgenden vorangestellten Verneinungen einzuleiten:

- ***Und du brauchst dir jetzt noch nicht zu erlauben, dass ...***
- ***Und es ist nicht nötig ...***
- ***Und es muss jetzt noch nicht so sein, dass ...***
- ***Und du musst jetzt noch nicht ...***
- ***Und du brauchst jetzt noch nicht zulassen, dass ...***

Dabei ist es sinnvoll, das **Prinzip der kleinen Schritte** zu beachten: »**Du brauchst dir mit diesen Matheformeln keinen Spaß zu erlauben**, *z. B. dadurch, dass du ihnen Namen von Comicfiguren gibst und sie dir dadurch leichter merken kannst …*«
»**Und du musst dir jetzt nicht vorstellen**, *wie es wäre, wenn du dir die Vokabeln auf eine Kassette sprechen würdest, die du dir dann auf dem Schulweg oder auf anderen Wegen ins Ohr spielen kannst, sodass einige Vokabeln dir dadurch etwas bekannter vorkommen …« (Prinzip der kleinen Schritte!)*
»**Und noch ein bisschen mehr Selbstbewusstsein davon, dass du in Wirklichkeit ganz gut lernen kannst, wäre möglicherweise gar nicht so gut für dich …**« Schüler: »*Warum nicht?*« Lehrer: »*Es könnte ja sein, dass du dann insgeheim befürchtest, arrogant zu werden oder zu wirken …?*«

Wenn Sie Nicht-Vorschläge machen, hat der Schüler die größtmögliche Freiheit, diese Nicht-Vorschläge anzunehmen oder abzulehnen. Aus dieser Freiheit heraus kann er ganz gelassen auf seine Brauchbarkeit hin überprüfen, wovon der Lehrer redet und was er implizit vorschlägt. Ablehnungsreflexe werden überflüssig oder laufen ins Leere.

Sie müssen jetzt aber nicht in jedem Ihrer nächsten Gespräche mit einem »auf Nein gepolten« Schüler zur Übung ganz bewusst einen Nicht-Vorschlag machen – auch wenn das dazu führen könnte, dass Nicht-Vorschläge zu einem sehr nützlichen Teil Ihrer kommunikativen Möglichkeiten werden. Denn Nicht-Vorschläge haben Sie schon oft gemacht, ohne sich dessen bewusst zu sein. Um vorübergehend häufiger an diese gute Möglichkeit erinnert zu werden, Vorschläge so zu machen, dass sie auch von eher ablehnenden Schülern wohlwollend überdacht werden, ist es nicht für jeden die richtige Methode, einen kleinen Zettel mit dem Wort »Nicht-Vorschläge!« an seinen Unterrichtsvorbereitungen oder einem anderen ins Auge fallenden Ort seines kommunikativen Arbeitsplatzes anzubringen. Und um die Konzentration auf die Erleichterung von Gesprächen im Unterricht zu erhalten, ist es wahrscheinlich auch besser, sich jetzt noch nicht zu fragen, bei welchen Gesprächspartnern außerhalb der Schule solche Nicht-Vorschläge eine gute Wahl wären.

»So, und weiter geht's jetzt mathematisch: a-Qua...« »Herr Brumm, wir ham' heut echt kein' Nerv dafür; seh'n Sie das doch endlich ein! Wir sind mehrheitlich dagegen; außerdem lohnt sich das in dieser Stunde sowieso nicht mehr!« »Na schön, dann nicht! Schluss mit der Debatte! Vergessen wir's! Zu viel Wissen schadet nur, und außerdem, wer braucht später denn schon Mathe?« »Wer? Ich Herr Brumm! Ich werd' doch mal Bioniker und da kann ...« »Oh Mann, Brumm trickst uns doch nur aus! Hier, in dem Buch: Stichwort ›rosanes Karnickel‹! Stimmt's, Herr Brumm?« »Nun ... Herr Prior meint, wenn man ... also gut: versucht mal, nicht an ein rosa Kaninchen zu denken!« »Wie? Einfach so? Is' doch'n Witz! Könn'se sich schenken!« »Wieso?« »Na, man muss sich doch erst einmal eins vorstellen sollen, um's hinterher wieder vergessen zu wollen!« »Wie? Na gut, dann stellt euch halt mal kurz eins vor!« »Aus Plüsch?« »Nein, lebendig!« »Wie süß!« »Geht auch 'ne weiße Ratte? Urs hat eine mitgebracht, für Bio, heißt Theo.« »Und ich'n blaues Pferd, allerdings nur auf Papier, für Kunst, von Macke.« »Meinetwegen, aber dann denkt gefälligst auch mal an den Bock, den ihr nicht habt!« »Ha ha! Und jetzt soll'n wir also nicht an's Karnickel denken?« »Mit dem blauen Gaul klappt's gut; an den erinnern wir uns überhaupt nicht mehr – ist übrigens von Marc!« »Und auch nicht an Sie, Herr Brumm, mit Ihrem Füller! Ich glaub', Sie tricksen hier nach der Devise: ›Was verboten ist, das macht uns grade scharf!‹. Und für Ihr Problem, da hätten wir auch 'ne Lösung: Denken Sie doch einfach nicht daran, was wir für feine Schüler sind!«

»gigantisch ...!« – »ein bisschen ...«
»äußerst ...!« – »durchaus etwas ...«
»höchst ...!« – »nicht wenig ...«

Viel Kopfzerbrechen bereitete mir jemand, der von seinen alltäglichen Erfahrungen immer mit äußerster Intensität berichtete:

> *»Stellen Sie sich diese Ungeheuerlichkeit vor: Hier ich, völlig in Panik, und dort dieser Typ, ein Riese von einem Kerl! Ich bin bis zum Äußersten gespannt! Und dann meine Reaktionen! So etwas Wahnwitziges ist in mir noch nie abgegangen, das hat alles gesprengt, und ich habe schon so brutale Dinge erlebt, wie man es sich nicht vorstellen kann!«.*

Ich bemühte mich darum, mein Verständnis in meiner eher etwas gemäßigten Art zu äußern:

> *»Als Sie Herrn A. gegenübersaßen, war das eine ziemlich angespannte Situation. Da sind in Ihnen recht ungewöhnliche Dinge abgegangen ... Und wenn Sie so etwas sagen, dann will das schon etwas heißen, weil Sie mit ungewöhnlichen Erfahrungen bisher ja nicht wenig zu tun hatten ...«.*

Obwohl ich mich sehr um Verständnis bemühte, führten meine einfühlsamen, aber eher gemäßigten und bedächtigen Kommentare nicht dazu, die große Kluft zwischen uns zu überbrücken. Wer uns beobachtet hätte, dem wäre diese große Unterschiedlichkeit auch in unserem nonverbalen Verhalten aufgefallen: Ich saß entspannt auf meinem Stuhl, sprach ruhig und gemessen und wirkte insgesamt eher bedächtig. Mein Gegenüber hingegen unterstrich seine stets hochdramatischen Ausführungen mit großen Bewegungen und konnte sich manchmal vor Aufregung kaum in seinem Stuhl halten. Er wäre am liebsten aufgesprungen. Nach einiger Zeit musste ich mir eingestehen: Ich konnte einfach keinen rechten Kontakt zu diesem Menschen bekommen. Es war, als ob eine wild gewordene Wespe um einen Buddha herumraste. Zwischen uns gab es wenig Verständigung.

Ich fragte mich immer wieder: »Worin unterscheiden wir uns? Wodurch ist seine Sprache anders als meine?« Mir fiel diese große Intensität und Maßlosigkeit auf, fast alles war bei ihm »ungeheuerlich«, »äußerst«, »wahnwitzig« und manches sogar »alles Bisherige sprengend«. Mein Gesprächspartner lebte in einer stets höchst dramatischen Welt und drückte das auch so aus. Ich hingegen war die Mäßigung in Person und sprach ruhig von »ein bisschen«, »etwas«, »nicht wenig«, »nicht unbedeutend« usw.

Ich kam ins Nachdenken. Mir fiel dieser bewundernswerte Engländer ein, der in vollendetem »Understatement« sein Todesurteil mit den Worten kommentiert haben soll: »Dieses Urteil wäre nicht meine erste Wahl gewesen ...« Das gefiel mir. Andererseits hatte der von mir ebenfalls sehr geschätzte Theodor W. Adorno Übertreibung als das

»Medium von Wahrheit« bezeichnet. Sollte ich jetzt etwa auch alles »ungeheuerlich«, »wahnwitzig« und »äußerst« finden? Dagegen regte sich in mir einiger Widerstand. Ich erlaubte mir in meinem inneren Monolog den Spaß, diesen Widerstand in der Sprache meines Partners auszudrücken:

> *»Das ist ja **Wahnsinn, immer** in einer so **ungeheuerlichen** Erfahrungswelt zu leben **und ständig so höchst intensive** Erfahrungen zu machen! **Auf gar keinen Fall** kann **ich so hysterisch** sein und mich in dieser **absurden und alles bisherige sprengenden** Sprache ausdrücken! Diese **ewige Intensität** wäre ja der **absolute Horror** und würde mich **zu Atomen zerreißen**!«*

Bei näherer, natürlich eher »bedächtiger« Betrachtung stellten sich diese Befürchtungen als »teilweise« unbegründet heraus. So begann ich mit Übertreibungen zu experimentieren und »nach und nach« meine sprachlichen Ausdrucksmöglichkeiten zu erweitern. Das führte für jemanden eher Moderaten wie mich zu oft irritierenden, manchmal recht lustigen Erfahrungen. Es eröffneten sich mir Welten, von denen ich »nie und nimmer – selbst in meinen kühnsten Träumen nicht – auch nur eine Idee von einer Ahnung« gehabt hatte. Vor allem werde ich den »riesigen Triumph« nicht vergessen, den ich hatte, als es mir nach einigem Training gelang, meinen größten Übertreiber, einen wahren Weltmeister in dieser Darstellungs- und Lebensform, wirklich zu verstehen und mit meinen Übertreibungen noch zu übertreffen. Er hingegen wurde immer ruhiger, bedächtiger und gelassener.

Im Gespräch kann es nützlich sein, zwischen Übertrei-

bern und Untertreibern zu unterscheiden. Übertreibern fällt es leicht, die Dinge in ihrer ganzen »erschütternden Dramatik«, ihrer »äußersten Intensität«, ihrer »unglaublichen« Bedeutung zu begreifen und zu beschreiben. Sie verwenden gerne extreme Ausdrücke wie z. B. »höchst«, »äußerst« oder »ganz und gar«. Untertreiber bevorzugen für ihre Beschreibungen Worte der Mäßigung wie z. B. »ein bisschen«, »vielleicht nicht ganz so« und »eher ein wenig«. **Wenn man die Sprache seines Gegenübers sprechen will, wenn man im Kontakt sein will, mit dessen Art und Weise Erfahrungen zu machen, dann kann es das Verstehen sehr fördern, wenn man auch das Übertreiben oder Untertreiben beherrscht.**

Es gibt Lehrer, die mit ihrer leisen, zurückhaltenden, an der Sache orientierten Art eine Klasse in Bann ziehen können. Andererseits sind viele Schüler häufig starken Reizen ausgesetzt, lassen sich davon gerne ansprechen und suchen Intensität. Ein bisschen Drama, die eine oder andere Übertreibung, eine vergrößerte, expressive Darstellung hilft nicht nur einem Schauspieler oder Kabarettisten, die Aufmerksamkeit zu fesseln. Die meisten erfolgreichen Akteure auf den unterschiedlichsten Bühnen praktizieren den Spaß an vergrößerter Darstellung und diskreter Dramatisierung.

Sind Sie eher ein Übertreiber oder ein Untertreiber? Wie sympathisch ist es Ihnen, wenn es »einiges« gibt, was man »ein bisschen bedenken«, was »durchaus etwas« beachtenswert ist, was »hier und da« eine »gewisse Rolle« spielen mag? Ist Ihr Unterrichtsstil eher untertreibend oder haben Sie auch Spaß an Drama, Expressivität und Übertreibung? Welcher Ihrer Schüler ist eher ein Übertreiber, welcher mehr ein Untertreiber? Welche Ihrer Kolleginnen ist eine markante Untertreiberin? Wer neigt dazu, Dinge eher zu dramatisieren? Wie leicht fällt es Ihnen, zwischen dem Über- und Untertreiben umzuschalten? Besonders wenn Sie eher zur Mäßigung neigen und lieber untertreiben, kann es eine »umwerfende«, »höchst denkwürdige« Erfahrung sein, die Dinge mal »völlig anders« als sonst zu beschreiben und zu erleben. Und wenn für Sie »absolut klar« ist, dass »fast alles im Leben« eine »hohe Intensität« hat, könnte es durchaus zu der »einen oder anderen« »nicht unbedeutenden« Erkenntnis führen, wenn Sie »ab und zu einmal« entgegen Ihrer sonstigen Gewohnheit »mal ein bisschen« untertreiben. Wahrscheinlich wird Ihnen auch auffallen, bei welchem Ihrer Gesprächspartner das zu einer humorvollen Verbesserung des gegenseitigen Verständnisses führt. Und solche humorvoll-spielerischen Experimente mit unterschiedlichen Ausdrucksformen müssen nicht auf den Umgang mit Schülern oder Kollegen beschränkt bleiben[7].

»Wer war das? Wer das war, will ich jetzt wissen! … Wem gehört der Ball? Dacht' ich's doch, dem Heiner! Der hat in der Klasse nichts verlor'n!« »Na, ganz so schlimm ist der doch auch nun wieder nicht und hat auch nicht geschmissen …«

»Ich mein' den Ball und nicht den Heiner! Der ist konfisziert!« »Der Heiner?« »Auch deine Tüte, Tom! Immer biste hier am futtern!« »Immer! Ach du meine Güte!« »Werd' nicht frech!« »Die hab' ich grad erst aufgemacht; der Leser kann's bezeugen!« »Noch ein Wort und ich vergesse mich!« »Na siehs'te Kalli, wie Brumm lernt? Jetzt vergisst er sogar sich! ... Psst! Gleich krieg'ste eins auf die Mütze!« »Du Kalli, nimm endlich diesen blöden Deckel ab!« »Warum?« »Warum!! Her damit! Max, lass das dumme Grinsen!« »Grinsen? Ich?« »Du, ich mach' keine Witze!« »Und dumm? Unerhört!« »Typisch: immer schön im Hintergrund agier'n, dabei das Unschuldslamm markier'n, um dann die beleidigte Leberwurst zu spiel'n!« »Das ist ja wohl das Letzte!« »Verdammt, halt' den Rand!! Mann, wie mir dieser Laden stinkt! Der wahre Horrorschuppen! Und diese ausgeflippten Typen! Echt, des Wahnsinns fette Beute!« »Herr Brumm ...« »Nix Herr Brumm! Der ist granatenmäßig sauer!« »Aber dürfen wir vielleicht mal auch was sagen?« »Nein! ... na ... was denn?« »Das mit dem Ball, das war 'n Verseh'n, und nur die Kreide ging zu Bruch. Tschuldigung! Und ...« »Und?« »Herr Brumm, denken Sie vielleicht auch an den Leser da, der wundert sich schon, dort im Hintergrund!«

Bei »schwierigen« Schülern mit »Widerstand«: In jedem Satz eine verständnisvolle Verneinung!

In der Schule hat man es immer wieder mit Schülern zu tun, die sehr ablehnend und »schwierig« sind, viel »Widerstand«[8] haben und kaum etwas von einem annehmen können.

Mit einem ganz besonders ablehnenden und »schwierigen« Menschen mit sehr viel »Widerstand« hatte ich Anfang der 80er-Jahre in meinen Lehrjahren in der forensischen Psychiatrie, im gefängnisartigen Maßregelvollzug zu tun: Herr L. war nicht nur bei seinen Mitpatienten sehr unbeliebt. Die Pfleger sprachen von Herrn L. hauptsächlich unter Verwendung eines sehr breiten Spektrums von Schimpfworten, und auch die Ärzte vergaßen fast durchweg ihre akademische Zurückhaltung und gaben sich nur wenig Mühe, ihre heftige Ablehnung hinter psychiatrischen Diagnosen zu verstecken. Damit war für einen jungen, engagierten Psychologen die Indikation für eine Psychotherapie gestellt. Ich empörte mich gegen diese durchgängige Ablehnung, solidarisierte mich mit dem – wie ich fand – armen Patienten und vereinbarte wöchentliche therapeutische Gespräche mit Herrn L.[9] Diese Gespräche verliefen allerdings zunächst nicht so fruchtbar, wie ich es mir gewünscht hatte. Dabei bemühte ich mich doch so sehr, es Herrn L. leicht zu machen! Beispielsweise begann ich unser Gespräch ganz unverfänglich mit Bemerkungen über das Wetter:

»Guten Tag, Herr L, schön, dass Sie da sind … Heute ist ja so schönes Wetter …«.

Herr L. fand das Wetter gar nicht schön: *»Wissen Sie, wenn man hier drin sein muss, dann ist kein Wetter wirklich schön …«*

Da mein Bemühen über das schöne Wetter abgelehnt wurde, versuchte ich einen anderen Einstieg: *»Na ja, wir wollen hier ja auch über etwas anderes reden als über das schöne Wetter …«*

Er konterte: *»Ich habe da nichts dagegen, wenn wir über das Wetter reden …«*

Ich daraufhin: *»Das verstehe ich schon, aber wir haben hier ja wichtigere Themen …«*

Er war diesem Ansinnen gegenüber nicht sehr aufgeschlossen: *»Mit den wichtigen Themen ist das nicht so einfach. Ich habe mit Psychologen ja nicht die besten Erfahrungen gemacht …«* Und er erläuterte mir sehr engagiert und ausführlich, wann und wie er sich von Psychologen schlecht behandelt gefühlt hatte.

Da ich seinen Bericht auch als Vorwurf gegen mich empfand, hatte ich einige Mühe, ihm ruhig zuzuhören. Danach versuchte ich, das Thema zu wechseln und die Aufmerksamkeit auf einen Konfliktpunkt zu richten, der mir für die Therapie fruchtbarer zu sein schien:

»Gut, jetzt habe ich gehört, dass Sie mit ihrem Zimmergenossen Herrn R. ziemliche Schwierigkeiten haben …«

Er reagierte darauf mit aufgebrachter Ablehnung: *»Ich? Nee. Ich habe überhaupt keine Schwierigkeiten mit dem. Wissen Sie, ich kann dieses Verleumden hier nicht mehr ertragen. Aber dass R. nicht mein Freund ist, ist ja auch kein Geheimnis …«*

In diesem Stil ging das Gespräch weiter. Mit zunehmender Fortdauer wurde ich immer verkrampfter und bekam Bauchschmerzen. Ich war so positiv bemüht und erntete nichts als Ablehnung! Lange kämpfte ich gegen meine Verärgerung und mein wachsendes Verständnis für die ablehnende Haltung aller anderen, die mit Herrn L. zu tun hatten. Größer und größer wurde die Versuchung, in den schrillen Chor derjenigen einzustimmen, die mit Herrn L. absolut nichts zu tun haben wollten.

Innerlich hörte ich allerdings auch immer wieder wie ein Mantra ericksonscher Psychotherapie die Aufforderung: »Sprich die Sprache des Patienten!« Und: »Was auch immer ein Patient tut, um Patient zu sein, kann ein Therapeut tun, um Therapeut zu sein!« Ich fragte mich: Was war die Sprache meines Patienten? Was tat er, was ihm jedermanns Ablehnung einbrachte? Mir fiel auf: In jedem seiner Sätze gab es ein »nicht« oder »kein«. Herr L. verneinte fast alles und lehnte zunächst einmal fast immer alles ab. Das schien mir eine Kontraindikation für Psychotherapie zu sein. Schweren Herzens verabschiedete ich mich von meinem Bemühen, Herrn L. helfen zu wollen. Ich beschloss, zu lernen, die Sprache meines Patienten zu sprechen und in jedem Satz eine Negation, ein »nicht« oder »kein« zu verwenden. Obwohl die therapeutische Folklore des »positiven Denkens« nicht ganz spurlos an mir vorübergegangen war, lernte ich recht schnell, mich ausschließlich in negativen, verneinenden Sprachformen auszudrücken. Die Gespräche mit Herrn L. bekamen daraufhin einen völlig anderen Charakter:

Therapeut: »*Guten Tag, Herr L. Das ist ja heute* ***nicht*** *gerade das allerschönste Wetter …*«

Herr L.: »*Nein, das kann man* ***nicht*** *sagen. Aber wenn man hier drin sein muss, dann ist auch* ***kein*** *Wetter wirklich schön …*« (Erst später fiel mir auf, dass Herr L. mir – wie mir schien, zum ersten Mal – zugestimmt hat.)

Therapeut: »*Na ja, aber wir sind hier ja auch* ***nicht*** *zusammengekommen, um über das schöne Wetter zu reden … aber gleich über die wichtigen Dinge reden, und dazu noch mit einem Psychologen – ich habe* ***nicht*** *vergessen, dass Sie mit Psychologen ja nicht die besten Erfahrungen gemacht haben –, das wollen Sie ja wahrscheinlich auch* ***nicht …***«

Herr L.: »*Da haben Sie* ***nicht*** *unrecht …*«

Therapeut: »*Und über die Sache mit Ihrem Zimmergenossen Herrn R. wollen Sie wahrscheinlich schon gar* ***nicht*** *mit mir reden …*«

Herr L: »*Eigentlich* ***nicht****, da haben Sie recht. R. ist aber auch …*« (Es folgten lange, aufgebrachte Ausführungen über den »unmöglichen« R.)

Ich fuhr mit meinen verneinenden Sprachformen fort, indem ich in kleinen Schritten »Nicht-Vorschläge« (MiniMax Nr. 13) machte:

Therapeut: »*Und wenn man so von jemandem genervt ist, dann kann man ja auch* ***nicht*** *mehr entspannt bleiben und zum Beispiel den einen Arm entspannt auf der Armlehne lie-*

gen lassen ..., obwohl der ja trotz dieses blöden Themas, das einen ***nicht*** *ganz kalt lässt, relativ ruhig geblieben war ...«*

Herr L. schaute mich daraufhin demonstrativ entspannt an, senkte dann seinen verächtlichen Blick auf seinen rechten Arm und brummte: »*Testen Sie mal!*«

Ich hob den Arm am Handgelenk behutsam etwas hoch und ließ ihn wieder los.

Therapeut (erstaunt und anerkennend): »*Oh, das hätte ich* ***nicht*** *gedacht. Aber mit dem anderen Arm kriegen Sie das wahrscheinlich* ***nicht*** *auch so entspannt hin ...*«

Herr L. bedeutete mir mit seinem Blick, dass ich auch das ruhig testen und von seinen Fähigkeiten überrascht sein möge. Das tat ich und ließ mich auch davon überraschen. Danach äußerte ich die Vermutung, dass er mit beiden Armen bis zur Schulter sicher nicht entspannt sein könne. Als er mir dann kurze Zeit später auch noch bewies, dass er auch mit beiden Oberarmen und in den Schultern entspannt sein konnte, war ich mir aber ganz sicher, dass er nicht auch noch seine Augen ein paar Atemzüge lang schließen und dabei entspannt sein konnte. Herr L. triumphierte, indem er mich mit geschlossenen Augen widerlegte – ich hingegen genoss die sehr andere, mit Herrn L. bisher nicht gekannte entspannte Gesprächsatmosphäre.

Nach dieser Erfahrung experimentierte ich viel mit den verneinenden Sprachformen, die ich von Herrn L. gelernt hatte. Es stellte sich heraus, dass man in Negationen auch besser mit dem Pflegepersonal über Herrn L. sprechen konnte (»*Es ist* ***nicht*** *leicht, an Herrn L. etwas sympathisch zu finden ...*«).

Solche verständnisvollen verneinenden Sprachformen

sind immer dann nützlich, wenn es mit anderen »schwierig« wird, »Widerstand« geleistet und kommunikativ gekämpft wird. Wenn man mit ablehnenden, »schwierigen« Menschen mit »Widerstand« verständnisvolle verneinende Sprachformen verwendet, so hat das vor allem den Vorteil, dass der Kampf überflüssig wird, da es nichts mehr gibt, wogegen der Gesprächspartner Widerstand leisten und sich wehren muss. Beide Seiten können sich besser verstehen und entspannter sein.

Einen total »negativ gepolten« Schüler kann man zwar aus einem anerkennenswerten pädagogischen Impetus heraus z. B. drängen: »Sieh doch bitte ein, dass auch du Englisch später in so vielen Bereichen mal brauchen kannst.« In der Regel ist es aber für beide Seiten eine eher frustrierende Kampfsituation, wenn der Schüler dann – wie eigentlich vorhersagbar – mit der üblichen Ablehnung reagiert: »Nee, das seh' ich nicht ein! (Da können Sie sich den Mund fusselig reden …)«

Zumindest die Stimmung kann anders werden, wenn man seine pädagogischen Anliegen einem so negativ gepolten Schüler gegenüber in dessen verneinender Sprache artikuliert: »Okay, ich habe verstanden, dass dir Schule **keinen** Spaß macht und Englisch auch nicht, dass du **nicht** gerne und **nicht** aus freien Stücken hier sitzt und dass dir das alles **nicht** gefällt. Ich kann deswegen leider **nicht** erwarten, dass du einsiehst, wie gute Englischkenntnisse dir z. B. den Weg in eine spätere Tätigkeit in der Musikbranche erleichtern. Ich muss halt irgendwie akzeptieren, dass du wohl der Meinung bist, dass Englisch dir keine große Hilfe ist, wenn du später einmal z. B. als Roadie arbeitest. Und leider weiß ich auch **nicht**, wie ich dir vermitteln kann, dass es **nicht** das Schlechteste ist, wenn man auf Reisen sich verständlich machen und sich in Englisch auch über Musik, über Computerspiele oder über alles Mögliche austauschen kann … Ich kann mich **nicht** leicht damit abfinden, dass du dich **nicht** über jedes neue Wort freust, das du in Englisch gelernt hast, weil es dir später so viele Möglichkeiten eröffnen kann, die du dann **gar nicht** doof finden wirst …«

Testen Sie, durch welche Formulierungen Ihr Wunsch nach größerer kommunikativer Flexibilität am besten angesprochen und gefördert wird: Verwenden ***Sie im Gespräch mit ablehnenden, »schwierigen« Schülern noch mehr verneinende Sprachformen (»nicht«, »kein«)! Wenn Sie bei »schwierigen« Schülern in fast jedem Satz ein »nicht« oder »kein« verwenden können, werden Sie es viel leichter haben!*** Oder sind auch Ihnen die Formulierungen mit Negationen, der »Nicht-Vorschlag« (MiniMax Nr. 13) sympathischer: *Es ist nicht nötig zu trainieren, in jedem Satz »nicht« oder »kein« unterbringen zu können, da Sie das intuitiv schon ab und zu im Umgang mit schwierigen Schülern angewendet und auch eher gute Erfahrungen damit gemacht haben (auch wenn Ihnen das bisher nicht so deutlich geworden sein sollte). Und weil Ihnen jetzt dieser Nutzen klarer geworden ist, müssen Sie nicht bewusst darauf achten, verneinende Formulierungen gezielt im Umgang mit »schwierigen« Schülern zu (be)-nutzen. Aber Sie brauchen auch der Versuchung nicht zu widerstehen, jetzt einige »Nicht-Formulierungen« im innerlichen Gespräch mit einem Ihrer schwierigen Schüler durchzuspielen.*

»Und was hat das jetzt zu bedeuten?« »Herr Brumm, Sie sind wohl grad nicht so gut drauf?« »Will ich nicht bestreiten ...« »Vielleicht ham' wir uns ja eben auch nicht allzu fein benommen?« »Ach nee, wie seid ihr da bloß drauf gekommen?« »Und das könnten se wohl nicht mal schnell vergessen? ... nein? Sie wären wohl froh, wenn Sie uns nicht mehr vor sich hätten?« »Hmm ...« »Fühl'n Sie sich nicht ein wenig einsam so allein da oben?« »Wie?« »Ja? Na klar! Und deshalb komm' wir jetzt zu Ihnen rauf! ... Herr Brumm, ganz ehrlich, finden Sie uns nicht toll?« »Toll? Toll find' ich nur das Chaos um mich 'rum!« »Och, Herr Brumm, immerzu so negativ! Und dabei sind wir doch grade richtig kreativ!« »Na, ihr habt aber auch für alles einen Namen, möcht' bloß mal wissen, wo ihr so was lernt.« »In Kunst!« »In Kunst? Naja, hätt' ich mir fast denken können!«

Die VW-Regel

Auf dem Weg zum Klassenzimmer hört man schon von Weitem, dass in und vor der Klasse mächtig was los ist. Leider hat man das in dieser Klasse schon so oft erlebt. Und jetzt wieder: Vor der offenen Klassentür raufen sich zwei Schüler, aus der Klasse lärmt es laut. Mit jedem Schritt zur Tür steigt der Adrenalinspiegel. Noch auf der Schwelle stehend, bricht es aus dem Kollegen heraus: »*Müsst ihr denn immer so einen Krach machen, wenn ich mal nicht da bin? Immer tobt ihr auf den Gängen herum, wenn mal gerade keiner aufpasst, und schreit und prügelt euch. Lukas, dich habe ich gesehen, wie du mit Julian und Felix den nassen Schwamm durch die Gegend geworfen hast. Wer soll denn diese Sauerei beseitigen? Ihr seid unmöglich!*«

Die Schüler sind still, ziehen die Köpfe ein und warten bis das »Donnerwetter« vorbei ist. Natürlich werden sie sich auch in der nächsten Pause nicht den Spaß nehmen lassen. Aber es herrscht wenigstens erst einmal Ruhe.

Mitten im Unterricht platzt Kevin mit seinem Ärger gegen seinen Nachbarn heraus: »*Du Idiot, warum hast du mir jetzt schon wieder den Radierer geklaut! Dass du dir immer alles von mir nimmst!*« Der wehrt sich: »*Selber 'n Idiot, und dazu noch überempfindlich! Stimmt ja gar nicht, dass ich mir immer alles von dir nehme! Du nimmst aber immer meine Buntstifte!«* Nur durch ein erneutes sehr entschiedenes Machtwort kann der Lehrer die aggressiv-gereizte Auseinandersetzung beenden. Verständlicherweise rutscht ihm anschließend die ärgerliche Bemerkung raus: *»Dass ihr immer gleich so aggressiv sein müsst!«* Er spürt irgendwie, dass dieser Vorwurf zwar kurzfristig befreiend ist, weil das einfach mal gesagt werden musste. Die Stimmung wird aber dadurch nicht besser.

In diesen Szenen aus der Schule fällt auf: Alle machen Vorwürfe. Alle wissen zwar vermutlich irgendwie, dass das nicht gut ist, dass Vorwürfe vor allem das zwischenmenschliche Klima belasten. Aber was sollten sie anderes tun, was anders machen? Sie haben doch allen Grund, Vorwürfe zu machen, und irgendwie muss der Frust ja raus. Aber andererseits wird dadurch im zwischenmenschlichen Porzellanladen viel gutes Beziehungsporzellan zerschlagen.

Mich erinnern solche von gegenseitigen Vorwürfen geprägte Szenen immer an die Klagen einer Mitarbeiterin des Opel-Konzerns über das schlechte Verhältnis zu ihrem Partner, der ebenfalls bei Opel in Rüsselsheim arbeitete. Sie klagte sehr darüber, dass sie zu viel Zeit und Energie damit verbrächten, sich gegenseitig Vorwürfe zu machen. Sie wisse einfach nicht, wie sie in der Beziehung zu ihrem Mann diese vorwurfsvollen Phasen reduzieren könne. Am liebsten würde sie ja ihrem Mann eigentlich überhaupt keine Vorwürfe machen wollen, Vorwürfe brächten ja sowieso nichts. Der einzige Effekt der gegenseitigen Vorwürfe sei, dass das gute Klima zwischen ihnen leide, immer wieder für längere Zeiten »Sendepause« herrsche und der »Beziehungskarren in den Dreck gefahren« werde. Sie liebe ihren Mann sehr und könne und wolle sich nicht vorstellen, mit einem anderen Mann zusammen zu sein. Deswegen würde sie sich sehr wünschen, diese blöden Vorwürfe reduzieren zu können, um gleichsam auf eine andere Beziehungsfahrbahn zu kommen.

Ich sagte ihr, dass ich ihr da durchaus helfen könne, sie müsse sich nur eine Zeitlang an die »VW-Regel« halten. Als Opel-Mitarbeiterin stutzte sie natürlich und fragte, was denn die VW-Regel sei. Ich sagte, ich könne ihr das am besten an einem Beispiel erklären. Sie möge doch mal typische Vorwürfe schildern, die ihre Beziehung belasten. Das fiel meiner Klientin leicht:

> *»Wissen Sie, ich kann es einfach nicht ertragen, wenn mein Mann am Freitag nach Hause kommt, nicht mal recht ›Hallo!‹ sagt, die Zeitung nimmt, die er dann im ganzen Wohnzimmer verteilt, was er aber nicht merkt, weil er nach dem Lesen der Zeitung nämlich meist die Glotze anschaltet und dann erst mal für eineinhalb Stunden in irgendwelche Nachrichtensendungen oder Sportschauen abtaucht, so als wäre ich nicht da. Ich komme am Freitag ja auch müde aus dem Werk. Aber während er vor der Glotze hängt, muss ich den ganzen Haushalt machen, putzen, die Geschirrspülmaschine ausräumen usw. und darf dann noch froh sein, wenn ich nicht angepflaumt werde, weil ich so einen Lärm mache. Mir stinkt das sowieso, dass ich den ganzen Haushalt praktisch allein mache, während der Herr Gemahl die Füße hochlegt. Und dann mache ich ihm natürlich ziemlich deutliche Vorwürfe. Da fallen von meiner Seite schon mal heftige Worte,*

> *das geb' ich ja zu, auch wenn ich weiß, dass diese Vorwürfe überhaupt nichts bringen.«*

Sie stimmte mir zu, als ich die Vermutung äußerte, dass er dann wahrscheinlich eingeschnappt sei, sich zurückziehe und über diese Dinge nicht mehr geredet werde, weil man erst mal sehen müsse, dass sich die schlechte Stimmung wieder verzöge. Und dann sei ja auch schon schnell wieder der nächste Freitag da. Nachdem ich diese typische Situation ganz gut erfasst hatte, brachte ich erneut meine Überzeugung zum Ausdruck, dass da die VW-Regel weiterhelfen würde.

Auf ihr Drängen hin erläuterte ich ihr diese VW-Regel: **V** steht für **V**orwurf und **W** für **W**unsch. Die VW-Regel fordert, dass man jeden **V**orwurf in einen **W**unsch umformuliert. Ich fragte sie, welche Wünsche denn hinter ihren Vorwürfen aus dem obigen Beispiel stünden. Es dauerte eine Weile, bis die Patientin dafür die richtigen Worte fand und ihre Sätze wunschgemäß mit *»Ich wünsche, dass du …«* begann:

> *»Ich wünsche, dass du künftig im Haushalt auch einzelne Aufgaben übernimmst. Das Mindeste für mich wäre, dass du künftig für das Ausräumen der Geschirrspülmaschine zuständig bist. Außerdem möchte ich dich bitten, auch am Freitag nach dem Nachhausekommen mich zunächst einmal zu registrieren, indem du mir freundlich ›Hallo!‹ sagst und mich wenigstens kurz umarmst. Mehr muss ja gar nicht sein. Dann kannst du von mir aus hinter der Zeitung und in der Sportschau verschwinden. Ich möchte dich aber bitten, die Zeitung so zu lesen, dass sie hinterher zusammengelegt*

ist und ich sie in einer ähnlichen Form mir vom Wohnzimmertisch nehmen kann, wie du sie aus dem Briefkasten holst. Und solltest du etwas von meinen bescheidenen Wünschen mal vergessen – das kann ja mal passieren –, dann fände ich es in Ordnung, wenn du das mit einem Blumenstrauß reparieren würdest. Ich würde mich aber auch unabhängig davon freuen, wenn du mir mal wieder wie früher ›einfach nur so‹ Blumen mitbringen würdest.«

Die VW-Regel war auch für ihren Mann als Opel-Mitarbeiter sehr einprägsam. Da sie darüber hinaus etwas Humorvolles hatte, wurde den Auseinandersetzungen die Spitze genommen. Beide Partner legten immer wieder Schichten ein, in denen zu Hause die VW-Regel praktiziert oder auf die VW-Regel hingewiesen wurde. Dabei entstand zu ihrer beider Belustigung vorübergehend eine neue Form des Vorwurfs: »Du hast dich nicht an die VW-Regel gehalten!«, und daraus wurde dann: »Ich möchte, dass du mir künftig keine Vorwürfe mehr machst, sondern mir klar und deutlich deine Wünsche äußerst, damit ich die auch berücksichtigen kann!«.

Im Zusammenleben wird viel »Beziehungsporzellan« durch Vorwürfe zerschlagen. Denn Vorwürfe beziehen sich auf die sowieso nicht mehr veränderbare schlechte Vergangenheit und generalisieren meist auf eine schlechte Zukunft: »Gestern hast du schon wieder …! Dass du auch immer …«, und dann folgt etwas Entwertendes. Äußerst selten werden dadurch die Wünsche für die Zukunft klar oder gar wahr. Da lohnt sich die Überlegung, wie man das Wichtige gleich in der beziehungsschonenderen Form von Wünschen ausdrücken kann. Der Umgang miteinander lässt sich erheblich verbessern, wenn es gelingt, statt Vorwürfe zu machen, Wünsche zu äußern.

Wenn der Lehrer sich mit Wünschen statt mit einem Hagel von Vorwürfen vor die Schüler stellt, kann ein Teil der Aggression und Spannung in fruchtbare gemeinsame Arbeitsenergie umgewandelt werden. Beispielsweise lässt sich die eingangs geschilderte unfreundliche »Begrüßung« umformulieren in eine Auflistung von Wünschen:

> *»Als ich den Gang herunterkam, hörte ich schon von Weitem, welchen Krach ihr gemacht habt. Mir geht da der Hut hoch, wenn ich mitkriege, mit welcher Unbekümmertheit ihr in Kauf nehmt, dass andere Klassen von eurem Lärm gestört werden! Ich möchte, dass ihr beide, die ihr hier der Tür am nächsten sitzt, künftig dafür sorgt, dass die Tür des Klassenraumes geschlossen bleibt, wenn ich mal etwas später komme. Und ich möchte euch alle bitten, euch auch bei künftig geschlossener Tür in der Klasse so ruhig zu verhalten, dass sich die anderen Klassen auf ihren Unterricht konzentrieren können. Die lauten Spiele könnt ihr doch im Pausenhof machen und auch auf den Pausenhof beschränken! Und wen ich dabei erwische, dass er mit dem nassen Schwamm rumwirft und dadurch eine Sauerei produziert und möglicherweise sogar Hefte und Bücher durchnässt, der wird künftig innerhalb einer zusätzlichen Woche Tafeldienst dafür sorgen, dass hier alles sauber ist und wir den nassen Schwamm jederzeit für das Putzen der Tafel benutzen können!«*

Hier werden Vorwürfe weitgehend vermieden und doch wird das Wichtige gesagt. Ausgehend von den heftigen Gefühlen, die erst mal »raus« müssen, liegt der Schwerpunkt auf den Wünschen und Konsequenzen für die Zukunft.

Auch der Konflikt zwischen Kevin und seinem Nachbarn bekommt einen anderen Fokus, wenn Kevin in aller Bestimmtheit sagt:

> *»Dieses ist mein Radiergummi. Und ich möchte, dass der immer in meinem Bereich bleibt! Und künftig werde ich zur Furie, wenn du es noch einmal wagen solltest, meine Buntstifte zu nehmen, ohne mich zu fragen! Bring in Zukunft selber welche mit oder hol sie dir woanders!«*

Der Lehrer braucht dann vermutlich weniger zu intervenieren, weniger darauf zu bestehen, dass Kevin und sein Nachbar das Problem mit Radiergummi und Buntstiften endlich anders in den Griff bekommen als durch die störende gegenseitige »Anmache« während des Unterrichts.

Ich erlaube mir hier, den Wunsch auszudrücken, dass Ihnen bis zum Ende des Jahres einmal pro Woche auffällt, wie Sie sich das Zusammenleben erleichtern können, indem Sie statt **V**orwürfen **W**ünsche formulieren.

»So, auf die Plätze, bitte! Chef, Sie sitzen in der Mitte. So wie eben ham' wir Sie noch nie erlebt; die ganze Schule hat gebebt!« »Nun, den Vorwurf müsst ihr euch schon gefallen lassen, dass ihr ...« »Tut uns ja auch Leid!« »Ich wünscht' mir nur ...« »Gebongt!« »Wie?« »Och Herr Brumm, wir wissen doch, was kommt.« »Ich meine, ich hab' mir eigentlich nichts vorzuwerfen ...« »Naja, im Grunde sind Sie ja auch ganz o.k.; uns hätt' was Schlimm'res treffen können« »Habt ihr an mich vielleicht besond're Wünsche? ... na? ... Minette?« »Nö Herr Brumm, mir ist alles recht, das süße Kaninchen und so, nur vor Theo hab' ich Schiss, er hätt' mich fast gebissen« »Aber Kalli, du fühlst dich hier scheint's nicht so wohl?« »Der? Der findet sich nur furchtbar cool!« »Herr Brumm, das eine sag' ich Ihnen: die Leberwurst vorhin, die hat noch Konsequenzen!«

Die 16 MiniMax-Strategien im Überblick

1.) »In der Vergangenheit …«, »Bisher…«
2.) Nicht »ob …«, sondern »wie …«, »was …« und »welche …«
3.) Positive Formulierungen oder »sondern …?«
4.) »Immer« stimmt in Verbindung mit einem Problem nie!
5.) »Dein Problem ist vergleichbar mit … Es ist wie …«
6.) Statt eines ängstlichen »Hoffentlich nichts Schlimmes ☹ …« besser ein zuversichtliches *»Hoffentlich Gutes* ☺ …«
7.) »noch nicht …«
8.) Konstruktive W-Fragen
9.) Konstruktive W-Fragen in kleinen Schritten
10.) »Angenommen, du würdest …«
11.) »Tu mal so, als ob …«
12.) »Du *denkst,* du kannst das nicht …«
13.) Nicht-Vorschläge
14.) »gigantisch…!« – »ein bisschen…« – »äußerst…!« – »durchaus etwas…« – »höchst…!« – »nicht wenig…«
15.) Bei »schwierigen« Schülern mit »Widerstand«: In jedem Satz eine verständnisvolle Verneinung!
16.) Die VW-Regel

»Wir hätten Ihnen gerne noch was angeboten – hätt' eigentlich dazugehört, doch die Chips – hier bitte! – war'n ja vorhin konfisziert, und die Cola hat wohl der – na, is egal – getrunken.« »Und was hat das mit Kunst zu tun?« »Och, wir ham' uns nur, wie kürzlich in Kunst, so hingestellt wie auf'm gemalten Bild. Sie ham' uns nämlich dazu inspiriert ...« »Ich? Da fühl' ich mich aber hoch geehrt!« »... und Ihre olle Tasche, Heiners Ball und Kallis Mütze ... und meine Chips! Aber nur weil Judy fehlt. Das Bild ist von 'nem gewissen Lennard oder so. Ihr Kunstkollege meint, das kennt jeder, der gebüldet ist« »Ich hab' da wohl 'ne Bildungslücke?« »Fragen Sie Urs, der kennt sich aus, Is' ja unser Ursus sapiens!« »Nee, glaub' ich nicht, Herr Brumm. So mitten drin in dem Gescheh'n sieht man oft nicht, was Sache ist; das ist das Problem!« ... »Mann, jetzt ham' wir doch glatt die Pause überzogen! Zu spät in Reli und es gibt 'n Donnerwetter; und zwei davon am Tag sind echt zuviel! Also tschüs. Herr Brumm, bis morgen! ... Und machen Sie sich unsretwegen keine Sorgen !«

Nachbemerkung

Vieles, was ich in diesem Buch beschrieben habe, entstand aus Rückmeldungen. Ich freue mich, wenn Sie mir per Brief oder E-Mail Ihre Gedanken zu diesen MiniMax-Strategien mitteilen oder mich an den Erfahrungen teilhaben lassen, die Sie mit den MiniMax-Strategien gemacht haben.

Dr. Manfred Prior
Frankfurter Str. 19
65830 Kriftel bei Frankfurt

www.meg-frankfurt.de
E-Mail: Manfred.Prior@meg-frankfurt.de

Na? War das nicht 'ne nette Runde? Hätt' ich vor 'ner Stunde wirklich nicht gedacht. Da seh'n Sie, was Geduld und pädagogische Erfahrung macht …

Nun gut, Mathe ließ ich etwas schleifen, richtig; doch was and'res ist ja auch mal fast so wichtig. Und dann die Testsituation! Ich denke, Sie begreifen schon …

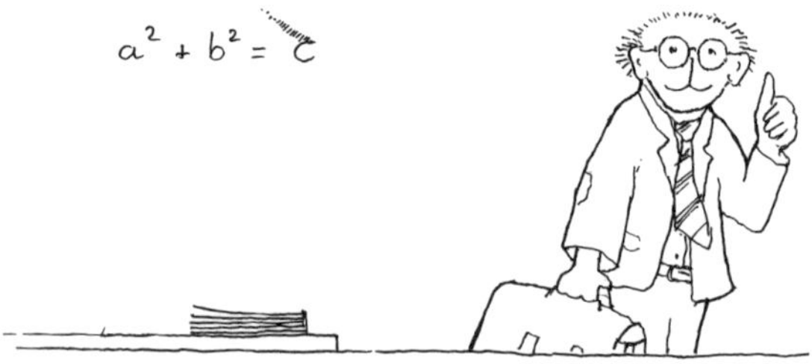

So, ich muss mich für die nächste Stunde stärken. Drum zieh' ich mich jetzt zurück. Hochachtungsvoll, Ihr Brumm.

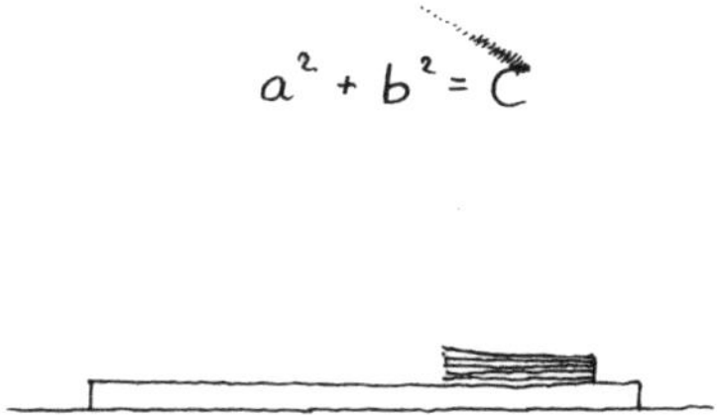

...tschuldigung, ich bin's nochmal. So gibt die Formel natürlich keinen Sinn! Als gewissenhafter Pädagoge ...

– So! Jetzt kann ich ruhig schlafen ...

Anmerkungen

1 Manfred Prior: MiniMax-Interventionen. 15 Minimale Interventionen mit maximaler Wirkung. 8. Auflage 2009, Carl-Auer-Systeme Verlag

2 Obwohl uns bewusst ist, dass die meisten Lehrer Lehrer**innen** sind, haben wir uns aus Gründen der leichteren Lesbarkeit entschieden, im Text die männliche Form zu verwenden.

3 Im englischen Sprachraum, in dem man aus »the computer« nicht entnehmen kann, ob ein Computer männlich oder weiblich ist, gibt es mehrere Begründungen für die jeweilige Wahl.

Computer sind **männlich**, denn:

1. um ihre Aufmerksamkeit zu bekommen, musst du sie anmachen.
2. Sie haben eine Unmenge von Informationen, aber von nichts eine Ahnung.
3. Sie sollen eigentlich dazu da sein, deine Probleme zu lösen, die Hälfte der Zeit sind sie aber selbst das Problem.
4. Sobald du dich für einen entschieden hast, wird dir klar, dass du ein besseres Modell bekommen haben könntest, wenn du ein bisschen länger gewartet hättest.

Computer sind **weiblich**, denn

1. Niemand außer dem lieben Gott versteht ihre innere Logik.
2. Die Sprache, mit der sie mit anderen Computern kommunizieren, ist für niemanden anderen verständlich.
3. Selbst deine kleinsten Fehler sind im Langzeitgedächtnis für späteren Abruf gespeichert.
4. Sobald du dich für eine entscheidest, stellst du fest, dass du einen Scheck nach dem anderen für Zubehör (Accessoires) ausgibst.

4 Nach der Lektüre der MiniMax-Interventionen sandte mir der Kollege Ludger Bahlke aus Heidelberg einige zweizeilige Reime. Zu dieser MiniMax-Strategie dichtete er:

»Das Problem ist, wenn man wie …
Ein Bildvergleich wirkt wie Magie!«

5 Auch das Fragepronomen »warum« beginnt leider mit dem Buchstaben »W«, hat sich aber in meinen Gesprächen über Probleme eher selten als nützlich erwiesen. Zu leicht reagieren Menschen auf eine Warum-Frage wie auf einen versteckten Vorwurf, den sie aus einer Warum-Frage herauszuhören meinen. Ich frage aber u. U. zu Beginn durchaus: »***Wie** erklärst du dir, dass dieses Problem immer wieder auftaucht?*« Ich interessiere mich außerdem sehr für Antworten auf die Frage »***Wie** entsteht das Problem?*« Und ich frage immer wieder: »***Welche Vorteile** könnte das Problem haben? Auf **welche guten Seiten** weist das Problem hin?*«

6 Will man die »Wirklichkeit« der Annahme des »als ob« unterstreichen, so kann man das dadurch, dass man statt des grammatikalisch korrekten Konjunktives (»wärest«) den das Faktische unterstreichenden Indikativ benutzt (»bist«). Der Vorteil des grammatikalisch nicht ganz richtigen Indikativs liegt auch darin, dass etwas von Lehrer und Schüler Erwünschtes buchstäblich »fest-gestellt« wird (»Und du bist dann neugierig …«).

7 Weitere Anregungen zu diesem Thema finden Sie in Prior, M. (1992): Übertreibungen als Mittel der Psychotherapie. In: Peter, B., u. Schmidt, G. (Hrsg.): Erickson in Europa. Europäische Ansätze der Erickson'schen Hypnose und Psychotherapie. Heidelberg (Carl-Auer-Systeme), S. 164–173. Download unter www.meg-frankfurt.de

8 Ich bin der Meinung, dass die diagnostizierenden Begriffe »ist schwierig« und »zeigt Widerstand« keine festen Eigenschaften von Menschen beschreiben, sondern Schwierigkeiten beschreiben, die durch nicht zusammenpassende Gewohnheiten oder Interessengegensätze im Umgang zwischen Menschen entstehen. Deshalb habe ich sie hier in Anführungszeichen gesetzt.

9 Im gefängnisartigen Maßregelvollzug kann sich in dem hoch aufgeladenen Spannungsfeld zwischen den untergebrachten Patienten und ihren Angehörigen, verschiedenen Therapeuten- und Betreuergruppen, Richtern, Rechts-, und Staatsanwälten und Öffentlichkeit eine sehr eigene Dynamik entwickeln. Aus dieser Dynamik heraus nimmt die Solidarisierung Einzelner mit abgelehnten Patienten bisweilen extreme Formen an: Viele Jahre später hat eine Therapeutin dieser forensisch-psychiatrischen Abteilung einen sehr umstrittenen Patienten bei der Flucht unterstützt und – nachdem er wieder geschlossen untergebracht worden war – geheiratet.

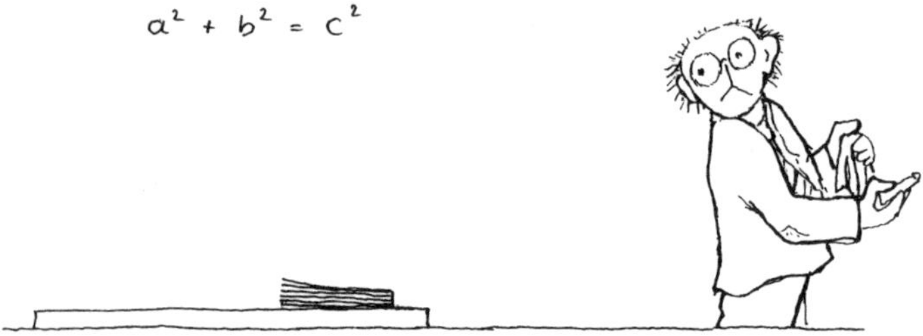

Halt! Das Wichtigste blieb liegen! Jaja, die Vergesslichkeit …

Na? Sie haben doch wohl nicht etwa darauf spekuliert? …

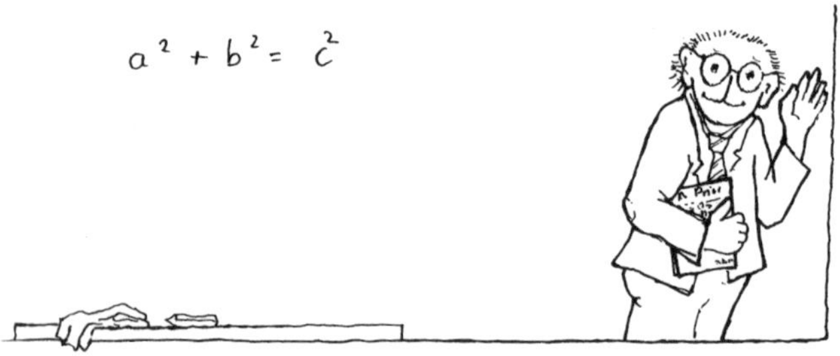

Jedenfalls, beim Buchhändler, da liegen noch hunderte davon für Sie bereit. Also dann, nochmals alles Gute!

Die Autoren:

Dr. Manfred Prior ist einer der renommiertesten Hypnose-Ausbilder im deutschsprachigen Raum und vermittelt seit über 20 Jahren Psychotherapeuten, Ärzten und Beratern Techniken effektiver Kommunikation.

Heike Winkler hat über 30 Jahre Berufserfahrung in Unterricht, Ausbildung und Beratung und lebt in Marburg an der Lahn.

Dieter Tangen, Kunstpädagoge, Maler, Illustrator und Fotograf, lebt und arbeitet in Oldenburg.

Übrigens, ich hab' 'ne Homepage! Wenn Sie woll'n, könn' Sie mich da ja mal besuchen unter www.herrbrumm.de. Würd' mich freu'n!